パフォーマンス評価で生徒の「資質・能力」を育てる

学ぶ力を育てる新たな授業とカリキュラム

西岡加名恵・永井正人・前野正博・田中容子
＋
京都府立園部高等学校・附属中学校 編著

はじめに

　名神高速道路の大山崎ジャンクションから京都縦貫道に入ると道路は間もなく老ノ坂峠にさしかかり、滑らかにそれを越えると亀岡市に入る。そのまま京都府を北上して南丹市園部町に入る頃には、小高い山腹を通る道路から園部の町が見渡せる。遠くに天守閣のような建物が目に入るが、それは本物の城ではない。天守閣の体裁をしたのは南丹市国際交流会館で、それに対峙して南側に位置する一角が、かつての園部城跡である。城門と櫓、城壁は当時の姿をそのまま残している。本書に収められている教育実践の舞台となっている京都府立園部高等学校（以下、園部高校）はこの園部城跡に建ち、かつての城門を学校の校門としている。

　南丹市は、京都府中央部からやや北西寄り、丹波高地の中に位置している。美山町・日吉町・八木町・園部町の 4 町を合併して2006年に発足した。北は福井県、南は大阪府、西は兵庫県に隣接する、山間の静かな地域である。園部高校は1887（明治20）年に高等小学校として開設されて以来、旧制高等女学校、旧制中学校と変遷して、1948年に新制高等学校として整備された。当初は商業科・家政科・普通科を併せ持つ大規模校であったが、時代の変化に伴って学科改編され、現在は次ページの表のような 4 種類の異なるコースを持つ、学年 5 クラス編成の規模である。また本校は普通科の80％を地元南丹市（旧美山町を除く）からの募集に限定していることからわかるように、地域の後期中等教育に責任を持つ役割が大きい。

　コースはそのままホームルームクラスとして編成され、ほとんどの授業がホームルーム単位で行われているため、生徒たちの学習への価値観は、入学直後はクラスごとに多様な様相を呈する。

　園部高校では、生徒一人一人が教科学習に主体的に参加し、学んだことを学習者相互のやりとりの中で深め、それを表現していく力を育てたい、という理念のもと、英語科を中心にパフォーマンス評価を取り入れた実践づくりに取り組んできた。英語科では2006年度から2008年度にかけての 3 年間にわたって文部科学省SELHi（Super English Language High School）研究指定を受け、特に学習に困難を抱えている生徒たちのクラスに焦点を合わせて、そ

コース（定員）		コースの特徴
普通科（100）	SB（Sonobe Basic）（標準コース）	定員の80％は南丹市（旧美山町を除く）からの募集に限定。生徒は合格後にBasicかAdvancedのいずれかのコースを希望で選ぶ。3クラス編成。生徒の希望はBasicが多い。
	SA（Sonobe Advanced）（発展コース）	
普通科中高一貫コース（40）		通学区域は京都市を除く京都府全域。中学入学時に選抜を経て入学する。大学への進学を希望する生徒が多い。（2006年度発足）
京都国際科（30）		通学区域は京都府全域。「国際理解Ⅰ、Ⅱ」「スピーチ」「通訳演習」などの専門科目を設定している。多様な価値観に触れて視野を拡大し、国際的な視野を持つ人材の育成を目指す。

の生徒たちが英語活用の力を身につけるにはどのような指導がありうるのかについて、実践を通して様々に検討を重ねた。さらに2009〜2011年度は京都府教育委員会の指定を受けた「『ことばの力』育成プロジェクト」研究で、英語科を中心にパフォーマンス課題を取り入れた多様な授業実践が展開された。

　また理科は、エネルギー教育支援事業の指定をはじめ様々な研究指定を積極的に活用し、中高一貫コースの生徒にテーマ学習の実践を定着させている。国際理解については、現在の京都国際科の前身である京都国際・福祉科（1998年）の設置に併せて「Global & Aware」（世界へ、思いやりをもって）をスクール・アイデンティティとして国際理解教育の実践を重ねてきた。学校全体としては、2013年度には教科横断的に生徒たちの探究力を高めるべく、「課題研究プロジェクト」をスタートさせた。その中でパフォーマンス評価の知見が他教科に共有されつつある。

　上述した園部高校の教育実践には、通奏低音として流れている信念がある。一つは、学力を主体的に人生を生きる力として生徒の立場から捉え、どの生徒にも一定の学力を保障しようとする理念である。もう一つは"共にこの地球上に生きる人間"としての生き方を自分に問いかける力を育てようとする「国際教育」の精神である。では、私たちは実際にどのような教育実践をしているのか？

　本書では英語科・理科・国際科の教科実践と第2学年で取り組んでいる課題研究の実践に焦点を合わせて、園部高校で取り組んできた教育を報告したい。

　　　2017年1月　　　　　　　　　　　執筆者を代表して　永井正人

3

目次

はじめに ……………………………………………… 2

第1章 「資質・能力」を育てるカリキュラムづくり　7
──パフォーマンス評価の進め方

1. 「資質・能力」の三つの柱 ……………………………… 8
2. 「学びに向かう力・人間性」の涵養 …………………… 9
3. 「思考力・判断力・表現力」を育てるパフォーマンス課題 …… 11
4. 生きて働く「知識・技能」の保障 …………………… 18
5. カリキュラム・マネジメントの重要性 ……………… 21

第2章 研修旅行を学びの場に　23
──「課題研究プロジェクト」の取り組み

1. 自ら問いを持ち考える生徒たちを育てたい
   ──課題研究の取り組み …………………………… 24
2. 事前事後学習を教科が担当する
   - 2−1 国語：探究活動のノウハウを知る ……………… 30
   - 2−2 国際理解：実感を通して世界を理解する ……… 36
   - 2−3 世界史：着目する点を明確に ………………… 38
   - 2−4 日本史：「なるほど！」といった声が挙がる発表に …… 40
   - 2−5 理科：テーマ設定の手がかりを ……………… 42
   - 2−6 音楽：なぜ？　と問う意識を引き出す ……… 44
   - 2−7 英語科：自分の体験を英語で話す …………… 45
   - 2−8 人権教育：自他の尊重を考える一助に ……… 48

コラム①　思いがけない生徒の姿 …………………… 50

第3章　自己表現への意欲が学ぶ力に　　51
——英語科の取り組み

1．自分の思いを発信する ……………………………………… 52

2．すべての生徒に英語力を育てる—教育目標を明確に ………… 54

3．「英語なんか絶対に使わへん」と言う生徒たちと ……… 57

4．英語の論理的理解を—生徒のつまずきに学んで ……… 61

5．協同学習 ……………………………………………………… 64

6．自分のことばで語るということ—「わかる」から「習熟」へ … 67

7．目標とパフォーマンス課題を共有して …………………… 70

8．英語教育実践—パフォーマンス課題を使って ………… 72

　　8−1　「英語で落語」

　　　　　—一緒に笑うというコミュニケーション ………… 72

　　8−2　「私が尊敬する（紹介したい）人」

　　　　　—自らを省みて将来を考える ……………………… 74

　　8−3　「Our School Lives」

　　　　　—「〜ing」形を使って自分の動作を表現する …… 77

　　8−4　「名演説を群読する1」

　　　　　—他の生徒と協力して作品を作りあげる ………… 79

　　8−5　「名演説を群読する2」

　　　　　—グループのメンバーと一緒に意欲的に学ぶ …… 81

　　8−6　「私が紹介したい名画」

　　　　　—コミュニケーションを生み出す ………………… 83

　　8−7　「スピーチを作る」

　　　　　—考え、自分の考えをまとめ、発表する ………… 85

　　8−8　「小学生の英語活動に参加する」

　　　　　—「表現したい」と思う環境を ……………………… 88

目次

第4章　生徒が主体的に研究に取り組むために　　91
―理科の取り組み

1.　理科課題研究
　　―「正解」があるかどうかわからないものを追究する　……… 92
2.　理科における実験学習と反転授業
　　― 思考・表現の時間を確保する　……… 98
3.　限られた時間で取り組ませるパフォーマンス課題
　　―化学「アルデヒドとケトン」　……… 102
コラム②　分析の先に待っているエキサイティングな瞬間　……… 111

第5章　広く世界を見渡しながら、　　113
　　　　　自己理解に努める
―「京都国際科」の取り組み

1.　専門教科としての「国際理解」　……… 114
2.　キャリア教育としての国際理解教育　……… 123

おわりに　……… 126
執筆者一覧　……… 127

第1章
「資質・能力」を育てるカリキュラムづくり
—— パフォーマンス評価の進め方

オーストラリアの姉妹校の生徒に
「私のおすすめ」を英語で説明する高校2年生

　2017年改訂学習指導要領においては、①「知識・技能」、②「思考力・判断力・表現力等」、③「学びに向かう力・人間性等」という三つの柱で捉えられる「資質・能力」の育成が目指されている。また、そのためにレポートの作成や発表などに取り組ませるパフォーマンス評価を活用することが推奨されている。

　園部高校では、2006年度よりパフォーマンス評価を活かしてカリキュラム（教育課程）改善が進められてきた。本章では、三つの柱に即して園部高校の取り組みを整理するとともに、パフォーマンス評価の基本的な進め方を紹介する。

1.「資質・能力」の三つの柱

　2016年12月21日、中央教育審議会の「幼稚園、小学校、中学校、高等学校、及び特別支援学校の学習指導要領等の改善及び必要な方策等について（答申）」（以下、「答申」）が出され、2017年改訂学習指導要領の基本方針が示された。そこでは、「育成を目指す資質・能力」という観点からカリキュラムを編成するという方針が打ち出されている。すなわち、これまでは「教員が何を教えるか」を中心にカリキュラムが考えられがちであったのに対し、カリキュラム全体や各教科などの学びを通して児童・生徒が「何ができるようになるか」という視点を重視することが提案されている。

　また、「育成を目指す資質・能力」が次の三つの柱で捉えられている。すなわち、①「何を理解しているか、何ができるか（生きて働く「知識・技能」の習得）」、②「理解していること・できることをどう使うか（未知の状況にも対応できる「思考力・判断力・表現力等」の育成）」、③「どのように社会・世界と関わり、よりよい人生を送るか（学びを人生や社会に生かそうとする「学びに向かう力・人間性等」の涵養）」である。

　これらの「資質・能力」を育成する上で一つの鍵となるのは、「何が身に付いたか」を確認するために学習評価の充実を図ることであろう。「答申」では、「資質・能力のバランスのとれた学習評価を行っていくためには、……論述やレポートの作成、発表、グループでの話合い、作品の制作等といった多様な活動に取り組ませるパフォーマンス評価などを取り入れ、ペーパーテストの結果にとどまらない、多面的・多角的な評価を行っていくことが必要である」と述べられている。

　本書で実践を報告する園部高校では、パフォーマンス評価の開発と活用を通してカリキュラムの改善が進められている。その取り組みは、2017年改訂学習指導要領の方針を先取りし、その課題を乗り越える方向性をも示すものとして評価できるものである。本章では、「資質・能力」の三つの柱に即して、園部高校で行われている改革を検討してみよう。

2.「学びに向かう力・人間性」の涵養

(1)「人間性」の涵養

　まず、「育成を目指す資質・能力」の柱の一つ、「学びに向かう力・人間性」の涵養に注目してみよう。「学びに向かう力」と「人間性」とは、教育目標としては別のレベルのものである。「学びに向かう力」は個々の教育場面で設定しうる具体的な目標として位置づけられうる一方、「人間性」はカリキュラム全体で涵養を目指すべき目標だと考えられよう。

　そこで、学校には、生徒たちをどのような人間として育てたいのかについてビジョンを明確にすることが求められる。その点、園部高校では、「Global & Aware（世界へ、思いやりをもって）」というスクール・アイデンティティを柱として、すべての生徒に「学力保障」を図り「国際理解」を深めるという理念が共有されている。

　このスクール・アイデンティティの意味を捉える上で、大きな役割を果たしたと考えられるのが、専門科目「国際理解」である。そこでは、「国際理解」を深めることとは、すなわち「世界的視野に立った友好と協力によって平和を実現し、基本的人権を普遍のものとして、世界の諸問題を解決する態度を培う」（本書第5章、p.114）こととして理解されている。単なる国際交流ではなく、平和や人権、世界の諸問題の解決という理念を下敷きに国際理解が論じられる基盤があることの意義は大きいだろう。

　また当校においては同時に、すべての生徒に「学力保障」を図るという理念が掲げられている点にも注目したい。人権保障という価値観が掲げられていたとしても、生徒ごとに差別的な扱いがなされていたとすれば、学校は、「そのような理想は単なる建て前にすぎない」ということを生徒たちに教える場に過ぎなくなってしまうことだろう。

　なお、「人間性」は生徒の内奥に関わるものであり、「人間性」の涵養についてはカリキュラム評価の対象にはなるとしても、個々の生徒の成績づけの対象となってはならない。この点に関しては、「答申」においても、「『学びに向かう力・人間性等』に示された資質・能力には、感性や思いや

りなど幅広いものが含まれるが、これらは観点別学習状況の評価になじむものではない」と明記されていることに留意しておきたい。

(2)「学びに向かう力」の育成

　次に、「学びに向かう力」の育成に最も関係するのは、「総合的な学習の時間」（2017年改訂学習指導要領では高等学校の「総合的な探究の時間」）などの探究学習の場面と言えるだろう。生徒自身が自ら問いを設定し、探究を進めていくことは、「どのように社会・世界と関わり、よりよい人生を送るか」を考える、またとない機会となる。しかしながら、普段、講義形式の授業に慣れ親しんでいる生徒たちが、探究に値する問いを設定することは容易なことではない。加えて、教科担任制を採る高等学校においては、多くの場合、探究学習の指導に困難を抱えているのも現実である。

　そうした状況の中で、園部高校では、教科間の連携を図る形で、生徒たちの「課題研究」を指導するという方式を編み出している（本書第2章）。これは、2年次に行われる北海道（普通科、2016年度まで。2017年度からは台湾が行先となる）、またはシンガポール・マレーシア（京都国際科・中高一貫コース）への研修旅行において、生徒自身が設定したテーマについてのフィールドワークを行うことを求めるものである。その事前準備として、まず「総合的な学習の時間」（普通科）・「国際理解」（京都国際科）の担当教員が「課題研究」への取り組み方を教える。また、テーマ探しを支援するために、地歴科・公民科・国際科・理科・芸術科などの各教科において、可能性のある様々なテーマが例示される。それらを参考にしつつ、各生徒が自分のテーマを設定する。

　研修旅行では、それぞれの生徒がテーマに応じた調査を行う。研修旅行後に生徒たちは、レポート作成、ポスター作成・発表に取り組む。また、英語科においては、次年度の研修旅行に向けて後輩へおすすめスポットを紹介するプレゼンテーションを行う。

　教科と総合学習の相互環流を図りつつ、カリキュラム全体で「学びに向かう力」を育てていることは、高等学校における探究指導の一つのモデルを示すものと言えるだろう。また、「課題研究」の成果をレポート、ポス

ター、プレゼンテーションとしてまとめるという形で学習の到達点が明瞭にされたことを基盤として教科間連携が図られたということは、まさしくパフォーマンス評価を活かしたカリキュラム改善の一例と言えるだろう。

なお、このような探究学習に取り組むにあたっては、ポートフォリオ評価法を活用することを勧めておきたい。ポートフォリオとは、学習者の作品や自己評価の記録、教師の指導と評価の記録などを、ファイルなどに系統的に蓄積していくものである。ポートフォリオ評価法は、ポートフォリオづくりを通して、学習者が自らの学習のあり方について自己評価することを促すとともに、教師も学習者の学習活動と自らの教育活動を評価するアプローチを指す[1]。各生徒にポートフォリオを作らせれば、複数の教員が連携しつつ指導する際にも学習のプロセスが把握しやすくなるので、指導と学習の改善に役立てることができるだろう。

3.「思考力・判断力・表現力」を育てる
##　　パフォーマンス課題

（1）パフォーマンス課題とは何か

さて、園部高校においてパフォーマンス評価が取り入れられる契機となったのが、2006年から2008年にSELHi（スーパー・イングリッシュ・ランゲージ・ハイスクール）として指定されたことである。園部高校の場合、特に学習に困難を抱えている生徒たちにも確かな英語力を身につけさせることを目指した事業としてSELHiに応募し、採択されたという経緯があった。その後も、京都府教育委員会から「『ことばの力』育成プロジェクト」研究の指定を受けるなどしつつ、SELHiでの成果を継承・発展させている。

英語科で特に重点的に取り組んだのが、パフォーマンス課題の開発と活用である（本書第3章）。パフォーマンス課題とは、様々な知識やスキルを総合して使いこなすことを求めるような複雑な課題を言う。具体的には、レポートやリーフレット、プレゼンテーションなどによって、理解の

深さを評価する課題を指す。一方、パフォーマンス評価とは、知識やスキルを状況において使いこなすことを求めるような評価方法の総称である。パフォーマンス課題は、パフォーマンス評価の方法の中でも総合的な課題を意味する用語である（**図1−1**）。

　パフォーマンス課題は、通常、単元のまとめの課題として位置づく（**図1−2**）。パフォーマンス課題に必要な知識やスキルを身につけた上で、それを組み合わせて用いたり（パターン1）、同じような課題を繰り返す中で、徐々に質を改善したりする（パターン2）のである。

図1−1. 様々な学力評価の方法[2]

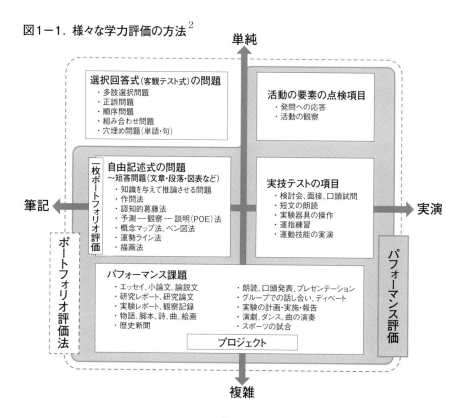

図1−2. パフォーマンス課題の位置づけ[3]

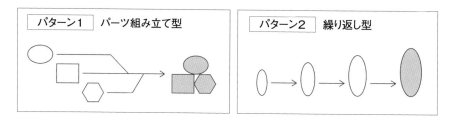

（2）パフォーマンス課題の作り方

　園部高校の英語科においては、本書第3章で紹介するように、多彩なパフォーマンス課題が開発され、活用されている。パフォーマンス課題の開発にあたって特に参考にされたのが、ウィギンズとマクタイの提唱する「逆向き設計」論である[4]。「逆向き設計」論では、①「求められている結果（目標）」を明確にし、②「承認できる証拠（評価方法）」を決定した上で、③学習経験と指導を計画することが提唱されている。通常、指導が終わったあとで考えられがちな評価方法を指導の前に明確にすることを求めている点、また単元末・学期末・学年末といった到達点から遡って教育を構想することを提案している点から、「逆向き」と呼ばれている。

　次に「逆向き設計」論にもとづくパフォーマンス課題の作り方を紹介しよう。

①単元の中核に位置する重点目標に見当をつける

　パフォーマンス課題を用いるにあたっては、まず、パフォーマンス課題に適した単元を設定することが求められる。すべての単元で、パフォーマンス課題を用いる必要はないので、パフォーマンス課題のような総合的な課題に適した単元、つまり特に深く理解してほしい重要な目標を扱う単元を選定することが重要である。

　その上で、単元全体で達成させるべき重点目標は何かと考える。「逆向き設計」論において、人間の知は、**図1−3**の左側に示したような構造で

図1−3.「知の構造」と評価方法・評価基準の対応（英語科の場合）[5]

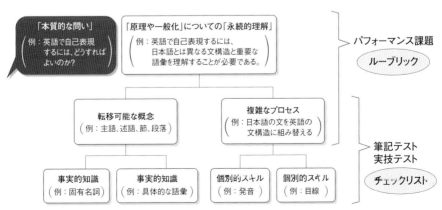

身につけられていると考えられている。まず、最も低次には、「**事実的知識**」と「**個別的スキル**」が存在している。これらはもちろん知っておく／できるようになっておく価値があるが、それだけでは現実的な状況の中で使いこなせる力とはならない。より重要な知識・スキルとして、「**転移可能な概念**」や「**複雑なプロセス**」がある。さらに、それらの概念やプロセスを総合して理解しておくべき「**原理や一般化**」がある。パフォーマンス課題については、「**原理や一般化**」についての「**永続的理解**」という重点目標に対応させて考案することが有効だと考えられる。

② 「**本質的な問い**」を明確にする

　単元の中核に位置する「原理や一般化」を見極めるのは、容易なことではない。そこで、「本質的な問い」を明確にしておくことが有効である。

　「**本質的な問い**」は、学問の中核に位置する問いであると同時に、生活との関連から「だから何なのか」が見えてくるような問いでもある。通常、一問一答では答えられないような問いであり、論争的で探究を触発するような問いである。「本質的な問い」を問うことで、個々の知識やスキルが関連づけられ総合されて「永続的理解」へと至ることができる。「〜とは何か？」と概念理解を尋ねたり、「〜するには、どうすればよいか？」

図1−4.「本質的な問い」の入れ子構造とパフォーマンス課題やルーブリックとの関係[6]

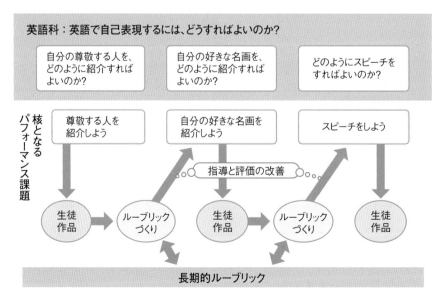

と方法論を尋ねたりする問いが、「本質的な問い」になる場合が多いことだろう。

「本質的な問い」は、カリキュラムにおいて入れ子状に存在している（図1-4の上半分）。英語科の場合、「英語で自己表現するには、どうすればよいのか？」という問いは**包括的な「本質的な問い」**にあたるが、単元の指導にあたっては、単元の具体的な教材に即してより具体的な**単元ごとの「本質的な問い」**を設定することが求められる。たとえば、「自分の尊敬する人を、どのように紹介すればよいのか？」といった問いが考えられる。

③ 「本質的な問い」を問わざるを得ないような文脈（状況など）を想定し、パフォーマンス課題のシナリオを作る

最後に、単元の「本質的な問い」を学習者自身が問わざるを得ないようなシナリオを設定して、パフォーマンス課題を考案する。具体的には、**表1-1**に示した六つの要素（GRASPSと略記される）を考えるとよいと提案されている（「なやんだナ、アアそうか」は、筆者が日本語に翻案したものである）。

表1-1. パフォーマンス課題のシナリオに織り込む6要素[7]

な —— 何がパフォーマンスの<u>目的</u>（Goal）か？
やン ——（学習者が担う、またはシミュレーションする）<u>役割</u>（Role）は何か？
だナ —— 誰が<u>相手</u>（Audience）か？
アア
そ —— 想定されている<u>状況</u>（Situation）は？
う —— 生み出すべき<u>作品</u>（完成作品・実演：Product, Performance）は何か？
か ——（評価の）<u>観点</u>（成功のスタンダードや規準：Standards and criteria for success）は？

（3）ルーブリックの作成と活用

このような課題を取り入れる際に、おそらく多くの先生方が不安に思われるのが、採点しにくいという点だろう。パフォーマンス課題で生み出された作品については、様々な知識やスキルを総合して得られる理解の深さの程度が問われるものであるため、「できる／できない」の2区分では採点することができない。そこで、採点指針として、ルーブリックが用いら

れる。ルーブリックとは、成功の度合いを示す数レベル程度の尺度と、それぞれのレベルに対応するパフォーマンスの特徴を記した記述語からなる評価基準表である。

　特定課題ルーブリックについては、たとえば5段階のレベル別に該当する作品番号と記述語を書き込めるような表形式のテンプレートを用意した上で、**表1−2**のような手順で作ることができる。

表1−2. 特定課題ルーブリックの作り方[8]

> ①パフォーマンス課題を実施し、学習者の作品を集める。
>
> ②パッと見た印象で、「5　すばらしい」「4　良い」「3　合格」「2　もう一歩」「1　かなりの改善が必要」という五つのレベルで採点する。複数名で採点する場合はお互いの採点がわからないように工夫する（たとえば、筆記による作品の場合は、評点を付箋紙に書き、作品の裏に貼り付ける）。
>
> ③全員が採点し終わったら、付箋紙を作品の表に貼り直し、レベル別に作品群に分ける。それぞれのレベルに対応する作品群について、どのような特徴が見られるのかを読み取り、話し合いながら記述語を作成する。
>
> ④一通りの記述語ができたら、評価が分かれた作品について検討し、それらの作品についても的確に評価できるように記述語を練り直す。
>
> ⑤必要に応じて評価の観点を分けて、観点別ルーブリックにする。

　表1−2の手順でルーブリックを作った場合、各レベルに対応する典型的な作品例（これを「アンカー作品」と言う）を整理することができる。ルーブリックには、そのようなアンカー作品を添付しておくと、各レベルで求められているパフォーマンスの特徴をより明確に示すことができる。

　園部高校の英語科でカリキュラム改善を進めるにあたっては、まず、「外国からの観光客に日本のことや暮らしを紹介する」というパフォーマンス課題を、全学年（高校1年生から3年生まで）の生徒たちに与えた。その上で、集まった作品を用いて、教師たちが共同でルーブリックづくりを行った。その時に作られたルーブリックとアンカー作品が、**表1−3**に示したものである。このルーブリックは、特定課題に対応するものでありつつも、実質的には中学校1年生から高校3年生までの英語力の長期的な発達を捉えるものとなっている。このルーブリックづくりは、英語科担当の教

師たちの間で、生徒たちに育てる英語力を共通理解する作業となった。

さらに、**表1−3**のルーブリックを下敷きにしつつ、「ヨーロッパ言語共通参照枠（Common European Framework of Reference：CEFR）」の「ヨーロッパ言語レベル」（European language levels - Self Assessment Grid）」[9]も参考にして、Sonobe Assessment Grid（**表3−1**、p. 56）が開発された。Sonobe Assessment Gridでは、上半分で、Reading、Listening、Writing、Oral Communicationの四つの観点について、長期的ルーブリックが示されている。

園部高校では、英語についてどんなに低学力で入学してきた生徒でも、卒業するまでに長期的ルーブリックのレベル4以上の力、すなわち「英字新聞などが辞書と注釈があれば読める」水準の英語力を保障することが目指されている。このことは、まさしく「世界的視野に立った友好と協力に

表1−3. ルーブリックと対応するアンカー作品（2007年度）

（綴り等の間違いは、生徒の作品のママ。ここでは、レベル2と4を省略した。）

レベル	長期的ルーブリック（ライティング領域）	アンカー作品
1	アルファベットを使って自分の名前が書ける。練習した短文が書ける。	Kyoto is beautiful ディリシャスfood and beautiful が景色
3	学習したテーマ及び自分の興味のあることについて簡単な感想や意見を書くことができる。	Japan is butiful because Japan has many season. I think Kyoto is the best place, because Kyoto has a lot of temples. Temples ars very butiful. Japanese food is delicious, for example, It is Sushi, Sushi is very delicious. Japanese music is nice. for example. It is kumi kouda. I like kumi kouda. She is very nice voice and very cute.
5	幅広い分野に関して、理由や説明文を加え、パラグラフ構成が整ったある程度の長さの文章を書くことができる。	I'd like to introduce you Kyoto and Japan. First, I'm going to talk about Kyoto. Kyoto is formar capital of Japan and there're lots of temples and shrines. These are famous and popular and many visitors visit there as sightseeing. Not only these, the city itself is beautiful. There are many modern buildings in the city. But these are made to fit the view of classic building like temples or shrines so you also can enjoy the beautiful view of city during you walk around Kyoto. Also you can eat Japanese sweets or food. Next, I'm going to talk about Japan. In Japan, you can buy good quolity electrical things like cameras, TVs and DVDs. Also you can enjoy many different cantry's food.

よって平和を実現し、基本的人権を普遍のものとして、世界の諸問題を解決する」上で必須の力を保障することを目指したものと言えるだろう。

（4）様々な教科のパフォーマンス課題

　その後、パフォーマンス課題という用語は他教科で共有され、活用され始めることとなった。本書の第４章では、理科の事例を報告しているが、その他にも**表1－4**のような実践例があることを紹介しておきたい[10]。

表1－4. パフォーマンス課題の実践例

●国語表現（京都国際科3年生）　国語科　仲幸恵教諭
「京都国際科のみなさんはさまざまな地域から通学していますね。自分の暮らす市や町について紹介したい『もの・こと・ところ』をクラスメートに紹介してください。その際、紹介したい事柄については、必要なら資料等を調べ、正確な情報に基づいて説明し、紹介したいと思った理由も伝えてください。発表原稿は400字程度で作成し、発表は1分間。黒板を使ってもよいことにします。」

●世界史B（普通科・京都国際科2年生）　地歴科　神脇健教諭
「『現在』あるものには必ず『過去』があり、この二つの間に『歴史』があります。みなさんが興味を持っている人・物・場所など、対象は問わずにその『歴史』を調べ、自分が抱いている興味がクラスメートによく伝わるよう工夫して、B4の用紙一枚にまとめてください。夏休みの課題です。」

4．生きて働く「知識・技能」の保障

　さて、園部高校の英語科においては、パフォーマンス課題の開発が進められ、全体の共有財産となっていった。現在では、各学年で、年間3個程度のパフォーマンス課題が取り入れられ、徐々にレベル・アップが図られるようになっている。**表1－5**と**表1－6**には、英語科の年間指導計画と単元の指導案の例を示している。この書式では、「学年末の到達点」「学年末到達目標」として、Sonobe Assessment Gridで示されている長期的ルーブリックの該当レベルの記述語が示されている。また、重点目標とパフォーマンス課題、下位目標に該当する知識・技能と筆記テスト・実技テスト

表1-5. 英語科の年間指導計画（2012年度。坂上渉教諭・永井妙子教諭・田中容子指導助言提供）

京都府立園部高等学校　科目：英語I　学年・類：1年1・2組（SB）　テキスト：Crown English Course I　週当たりの時間数：4　担当者：坂上渉・永井妙子・田中容子

英語科年間シラバス

	読む力	聴く力	書く力	話す力	筆記テスト／実技テスト
学年末の到達点	文の主述関係がわかる。さまざまな分野の現代的な問題（言語・学習・科学・環境・社会）の文を、辞書を使いながら読み進める。	学習したテーマに関する質問を聴いてわかる。またそのテーマに関するメッセージや内容を聴いて理解することができる。	学習したテーマ及び興味のあることについて簡単な感想や意見を書くことができる。	簡単な文を使って自己紹介や家族・学校・部活動等の紹介をすることができる。（会話を長く続けることはできない）及び、身近な事柄について情報のやりとりをすることができる。	筆記テスト　実技テスト
目標達成に向けての Strategy	教科書を用いて英語の語順で構造を構築する。その際日本語と英語の語順・文構造の違いを認識させる。		精読して英文についてまとめや感想を書く。	教室内ではできるだけ英語で指示を出し英語で返答させる。単元ごとに短い唱唱を行う。学習した表現を繰り返し音読し、唱唱を繰り返すことにより、自然な発話活動を促す。	

	重点目標 主にパフォーマンス課題と対応する	下位目標（個別スキル・知識・理解） 筆記テストや実技テストと対応する	使用テキスト・単元	評価の観点	パフォーマンス課題 学んだことをAuthenticな文脈で使わせる課題	評価法（acceptable evidence）
通年	英語と日本語の文構造の違い（語順の違い）を理解して、英語から日本語へ転換することができる。	各種英語文を理解するのに必要な文法スキルを獲得して、使える。 テキストに登場した英語単語の意味を知る。	Crown English Series I Breakthrough Upgraded English Grammar in 36 lessons		年間を通した課題 ［英語で書かれた以下の新聞記事を、よくわかる日本語に直してください。］	
1学期	・複文構造を含む500ワード程度の英文を読み、文の主述関係や文構造が表す意味を正しく読み取る。 ・自分が操作できる語彙と文構造を用いて、取った内容をリライトすることができる。読み取った内容を口頭で要素することができる。 ・英文中の情報を読み取り、その時代背景や登場人物の気持ちをイメージすることができる。また、その英文に対する自分自身の感想を英語で表現することができる。	① 行為や事実を表すのに、日本語においても英語においても英語の要素を担っている概念であることを理解する。 ② SVが表す行為や事実を補強したり支える文の要素があることを知る。 ③ 自動詞と他動詞の違いを理解して使い分けることができる。 ④ 前置詞の意味を知り、前置詞＋名詞の語順と、それが文中で見える意味を理解し、使うことができる。 ⑤ 名詞・動詞・形容詞・副詞の概念がわかり、文中で見分けることができる。	文法の入門ワークシート（オリジナル教材） Crown English Series I（Lesson3） ブレイクスルーキーノート英文法（関係詞：後置修飾の概念） 英文法（時制）（夏休み課題）	表現の能力 理解の能力 関心・意欲・態度 知識・理解	［Interview Your Friend!］のシートに従い、クラスメートにインタビューした後、みなさんの前で紹介してください。	中間テスト 期末テスト 確認小テスト 筆記課題 音読テスト パフォーマンス 発表
2学期	・読み取った英文を参考にして、自分が表現したいと思う内容について写真などを用いながら、英文で書くことができ、それを発表することができる。 ・英語で理解した話を、自分の英語力の範囲内で語りおこすことができ、自分で簡単な英語の話を創作することができる。	⑥ SV, SVC, SVO, SVOO, SVOC, それぞれの構文を作ることができる。 ⑦ how, who, what, when, where の意味や使い方について文中で理解でき、表現に使うことができる。 ⑧ 過去分詞・現在分詞が表す意味を読み取ることができる。 ⑨ 冠詞の後置修飾を読み取ることができる。	Crown English Series I （Lesson 5・7） コンパクト英語構文（不定詞、分詞、動名詞、関係詞）	表現の能力 理解の能力 関心・意欲・態度 知識・理解	［My favorite things］という題でクラスメートに対してスピーチをしてください。その際、実際のその物の写真を見せて、聴く人があなたのスピーチをよく理解できるような工夫をしてください。 ［2012年のあなたの高校生活の素敵な場面を言葉にして語りましょう。日常の高校生活の場面や校内の大好きな場所を写真にして、［My Favorite Places］と題するスピーチをしてください。］（グループで）	中間テスト 期末テスト 確認小テスト 音読テスト パフォーマンス 発表
3学期	・さまざまな構造を含む英語の物語（700ワード程度）をストーリーを追って理解し、あらすじを100ワード程度の英語でまとめることができる。 ・簡単な身の回りの情報や英語で書かれたニュースを読んだり聞いたりして理解することができる。また、それについての自分の意見を書いたり発話（発話）したりすることができる。	⑩ 動詞の形（進行形・受身形・完了形）を理解することができる。自分の暮らしらしい気持ちを表す。 ⑪ 動詞の働きと意味を理解することができる。自分の気持ちを表すことができる語彙が使える。 ⑫ 人の気持ち、ものの状態を表す形容詞が身に着く。 ⑬ 英語を朗読することができる。 以上の項目について、教材を通しての知識理解を繰り返しながら、一年間かけて習熟させる。	Crown English Series（Optional lesson） ブレイクスルーキーノート英文法（不定詞）	表現の能力 理解の能力 関心・意欲・態度 知識・理解	［My Best Memories］と題して50words以上の作文をしてください。（作文を本としてまとめる）	中間テスト 期末テスト 確認小テスト 筆記課題 音読テスト パフォーマンス発表

表1−6. 英語科の指導案の例（一部。2011年11月25日。竹村有紀子教諭提供[11]）

教科名（科目名）	英語科（総合英語）	学校名	園部高等学校

単元名 （学習指導要領）	『Lesson 3 Abu Simbel ─Rebirth on the Nile─』 教科書掲載の世界遺産アブシンベル神殿に関する英文を読み、学習した表現を活用して、自分が選んだ世界遺産について、その世界遺産の名前や場所や特徴などを、自作のポスターを提示しながら聞き手に分かりやすいように発表する。（12時間） 教材：CROWN English Course I（SANSEIDO）

対象クラス	京都国際科1年生

実施時期	2学期後半

1	生徒観・補足	京都国際科1年生。クラス内の学力には差はあるが、全体的に学習意欲は十分高く、授業や課題に前向きに取り組むことができるクラスである。もともと英語への関心が高い生徒が多く、英文を音読したり聞きとったりする活動に積極的に取り組むことができる。自分の意見を表現したり発表しようという意欲も高いが、一方で文法に苦手意識があるため、課題によっては自信が持てず消極的になってしまう生徒も少なくない。文法事項の習熟度を上げ、文構造を丁寧に確認して読解する力をつけるための授業や課題を提供しながら、苦手意識を持っている生徒も自分の力を磨き達成感を得られ、得意な生徒がさらに能力を伸ばせるような発表や活動させる場を設定するように心がけている。週5時間授業。 1クラス19名で、現在アメリカコロラド州からの交換留学生1名も授業に参加している。

2	このクラスの学年末到達目標（Sonobe Assessment Grid Level 4）

	読むこと	聴くこと	書くこと	話すこと
	複文構造を理解し、前から読み進めることができる。物語文をどんどん読める。評論文の論旨の展開が理解できる。英字新聞などを辞書があれば読める。	学習したテーマに関する短い、簡単なニュース、メッセージがゆっくりはっきり読まれた時、ニュースのメインポイントを聴き取ることができる。	文をいくつか効果的に組み合わせて自分の経験、将来の夢等について述べることができる。	興味のある幅広い分野に関して、理由や説明文などを加えて、意見や感想を書くことができる。

3	単元名：CROWN English Series I　Lesson 3 Abu Simbel ─Rebirth on the Nile─

4	単元設定の理由：20世紀初頭、エジプトは近代化を進めていた。その中でナイル川へのダム建設案が持ち上がった際に政府は「文明の発展を優先するか、文化の保護を優先するか」という選択を迫られた。この問題を扱った本文を読み、生徒たちに人類の発展と環境について考えさせたい。また、この問題が人類の智恵と国際協力によって、文明も文化も犠牲にせず解決された点から、広い視野を持って学び協力することの大切さも感じ取らせたい。本文に関しては難解な単語を含むが、読解を通じて一定レベルの語彙を習得させ、発表で物の特徴や位置関係や物事の経緯を表す表現を自由に活用できる力をつけさせたい。

5	単元目標	エジプトの世界遺産アブシンベル神殿と周辺住民とナイル川の関わりについての話を読み、人類の発展と環境の望ましい関係を考える。また、本文で学習する表現を活用しながら、実在する物の特徴や現在に至るまでの経緯を調べて英語で説明文を作成し、聞き手に伝わりやすいように伝える。
		重点目標	**下位目標（知識・理解）**
		＜本質的な問い＞ 事物の特徴や位置関係を具体的に説明し、事物の目的を文や句で的確に述べるためにはどのような表現を用いればよいか。 ＜永続的理解＞ 具体的な数字と共に用いる形容詞の用法の習得と位置関係を表す前置詞のイメージを膨らませて理解し活用することが大切。また文章や句で目的を表す表現を習得することが必要である。	・関係代名詞や…longや…tallや…above等の表現を使って具体的なものの特徴を英語で表現できる。 ・so that（〜するために）, in order to等の表現を使って、事物の目的や経緯を英語で表現できる。
	評価の方法	パフォーマンス評価［課題］ 「あなたはSNB Travel（株）の新入社員です。4月の入社から様々な研修を重ねてきた今、新入社員全員に約半年の成果を発表する機会が設けられることになりました。内容は以下の通り。世界に数ある世界遺産の中から最も魅力的だと自分が思うものを1つ選びだし、①具体的特徴、②見どころやおすすめプラン（おすすめする理由）等を含む内容を150語（約1分30秒）の長さの英文で発表してください。SNB Travel（株）を世界中の人に利用される会社に育てられる、若きリーダーの出現を期待しています。」	その他の評価 ●各パート毎に行う音読テスト 　意味を理解して聞かなければ覚えられない程度の長めに区切られた本文を聞き、何も見ずに英文をリピートできるかどうかを問う。 ●各パート毎に行う筆記テスト 　単語10語のディクテーションと意味、本文1文のディクテーションとその訳、その構文を含む英作文1題（教員が考える日本語を英語にする）

との対応関係、つまり**図1−3**に示された「知の構造」と評価方法の対応関係が意識される書式となっている。

　このように、園部高校の英語科では、長期的ルーブリックに対応するパフォーマンス課題を繰り返し与える中で、どのような文法事項を確実に習得させることが重要であるのかについても明確になっていった。Sonobe Assessment Grid（**表3−1**、p. 56）の下半分には、そのような文法事項がチェックリストの形で示されている。さらに、たとえば文型の指導については教科全体で統一した記号を用いるなど、より効果的な指導方法の共有も進んでいった（第3章参照）。

　これまでのカリキュラム編成では、ややもすれば身につけさせたい「知識・技能」を出発点に目標設定がされがちであった。しかしながら、パフォーマンス課題を設定すると、リアルな状況において生きて働く（使える）「知識・技能」（「転移可能な概念」や「重要なプロセス」）として何を優先すべきかが明瞭になる。もちろん、「事実的知識」「個別的スキル」も幅広く身につけられればそれに越したことはない。しかし、それらを効果的に身につけさせるためには、それらの意義を生徒たちが理解できるようになっていなくてはならない。園部高校の英語科においては、パフォーマンス課題を取り入れるとともに、生徒のつまずきを踏まえた「学び直しシート」が開発された。これにより、重要な「知識・技能」を優先的に指導したことで、英語嫌いと顕著なつまずきを減らすことができた。これにより、後に大学入試を前にして語彙を増やす学習に重点的に取り組んだ生徒たちの成績が大きく伸びることとなったことを付言しておきたい。

5．カリキュラム・マネジメントの重要性

　「答申」でもう一つ強調されているキーワードに、「カリキュラム・マネジメント」がある。カリキュラム・マネジメントとは、「各学校が学校の教育目標をよりよく達成するために、組織としてカリキュラムを創り、動

かし、変えていく、継続的かつ発展的な、課題解決の営み」[12]である。

　具体的にカリキュラム改善を進めるにあたっては、単元と単元を関連づけることにより、より長期的な見通しのもとで育てることが一つの手立てとなる。そのためには、**図1-2**（p.12）で示したような構造化を、単元間についても図ることが有効だろう。

　園部高校では、学校として教育目標を明確化し、それをよりよく達成するためのカリキュラム改善の取り組みが着実に進められてきた。専門科目「国際理解」で蓄積された知見は、学校として育てる生徒像の基盤となっている。SELHiとして指定を受けたことを契機として、英語科ではパフォーマンス課題を取り入れた単元開発が進んだ。そこでは、包括的な「本質的な問い」に対応する類似の課題が繰り返し与えられ、長期的な見通しのもとで英語によるコミュニケーション力が育成されている。研修旅行におけるフィールドワークを核とした「課題研究」が実践され、教科で身につけた知識・スキルや問題意識を探究に活かし、探究の成果を教科のパフォーマンス課題に活かすという相互環流も生まれている。この取り組みを通して、パフォーマンス評価の考え方が他教科にも広がりつつある。このような園部高校の実践は、今後、カリキュラム・マネジメントに取り組む他校にとっても大いに参考になると言えるだろう。　　　　　　（西岡加名恵）

<注>
1　西岡加名恵『教科と総合学習のカリキュラム設計 ──パフォーマンス評価をどう活かすか』図書文化、2016年、p.88。
2　同上書、p.83。
3　西岡加名恵「「逆向き設計」とは何か」西岡加名恵編『「逆向き設計」で確かな学力を保障する』明治図書、2008年、p.12。
4　G. ウィギンズ & J. マクタイ（西岡加名恵訳）『理解をもたらすカリキュラム設計 ──「逆向き設計」の理論と方法』日本標準、2012年（原著の第1版は1998年、増補第2版は2005年）。
5　前掲『教科と総合学習のカリキュラム設計』p.82の図に一部加筆した。例については、田中容子指導教諭の考案による。
6　同上書、p.108の図に一部加筆した。
7　同上書、p.97参照。
8　同上書、p.103参照。
9　European Union and Council of Europe, "Common European Framework of Reference for Languages ── Self-assessment grid", 2004-2013 (http://www.coe.int/t/dg4/linguistic/Cadre1_en.asp)
10　各教科のパフォーマンス課題については、西岡加名恵編著『「資質・能力」を育てるパフォーマンス評価 ──アクティブ・ラーニングをどう充実させるか』（明治図書、2016年）も参照されたい。
11　竹村有紀子「園部高校英語科　単元計画および授業案」京都府園部高等学校・京都府立園部高等学校附属中学校『2009 ～ 2011「ことばの力」育成プロジェクト　実践・研究報告書 ──パフォーマンス課題を活かした授業づくり』（非売品）2012年、p.83。
12　田村知子「カリキュラムマネジメントのエッセンス」田村知子編『実践・カリキュラムマネジメント』ぎょうせい、2011年、p.2。田村知子・村川雅弘・吉冨芳正・西岡加名恵編著『カリキュラムマネジメント・ハンドブック』ぎょうせい、2016年も参照。

第2章
研修旅行を学びの場に
——「課題研究プロジェクト」の取り組み

クラス内ポスター発表会での質疑応答

　2013年度に、府立高校それぞれがその教育内容に独自の特色を持つことを要請する京都府教育委員会のプロジェクト「府立高校特色化事業」が開始された。園部高校は「生徒一人一人が習得した教科内容を自分のものとして身体化し、探究し、学習者相互のやりとりの中で深めていく」ための授業と評価を創っていくことを方針として、テーマを「探究・協同・表現」とした。これまで校内でなされてきた事業（各種講演会、校内英語スピーチコンテスト、キャリア教育など）を、「生徒が主体的に学習を組織し参加し、その成果について自分の言葉で語る」という目標のもとに再編成すると同時に、「総合的な学習の時間（以下、「総合学習」）」を生かして研修旅行（第2学年で実施）を山場として教科横断的な課題学習を設定した。本校ではこの教科横断的な学習を課題研究[1]と名付けて実践を重ねてきた。本章ではその実践を報告する。

1. 自ら問いを持ち考える生徒たちを育てたい
― 課題研究の取り組み

　この課題研究は、生徒が研修旅行の事前学習を通して自分でテーマを設定して研究し、研修旅行後にそれを自分の言葉でまとめる・綴る・発表する、というプロセスを通して学んだことを深めていくことを目指すものである。私たちはこの課題研究を、園部高校の教育の方向性を象徴するものとして捉え、研修旅行に先立つ事前学習が生徒にとっての教科横断的な学びを生み出すことをねらった。また事前学習を通してパフォーマンス課題という概念が各教科担当者に広く共有されていくこともねらった。

　本校課題研究のゴールは、生徒一人一人が独自のテーマを持ち、事前研究・フィールドワーク・事後研究を経てレポートを書き、それをポスター形式にまとめて発表することである。**図2-1**には課題研究プロジェクト

図2-1. 課題研究における指導の過程と指導分担

第2学年課題研究の流れ (2015～2016年度)

研修旅行課題学習への事前オリエンテーション（1年時）：担当 学習支援部

課題学習の取り組み方指導：担当 国語科・国際科
　　→生徒一人一人が課題学習への取り組み方を学ぶ
テーマを探すための事前学習指導：担当 地歴科・公民科・国際科・理科・芸術科
　　　　　　　　　　　　　　　　学習支援部
　　→生徒が自分のテーマを持ち必要に応じて事前調査を行う

第一次レポート作成

研修旅行（フィールドワーク）：担当 第2学年部を中心とした引率団
　　→生徒が自分のテーマに応じて体験、見学、調査等を行う

教科からのパフォーマンス課題：担当 英語科
「次年度の研修旅行に向けて後輩へおすすめスポットを英語で紹介してください」
　　→生徒は各クラスで英語による1分間スピーチを行う

レポート作成指導：担当 国語科
ポスター作制指導：担当 国語科・国際科
　　→生徒全員がレポートを書く
　　　各クラス内発表会で全員がポスターを使って発表する
　　→第2学年課題学習発表会（クラス代表生徒によるポスターセッション）

レポート作成 → ポスター作制

の教師側の分担とそれぞれのステージの生徒の活動を明示するとともに、課題研究をどのように学校全体で指導しているかも示している。

　なお、課題研究導入に先立ち、園部高校では、生徒一人一人が教科学習に主体的に参加し、学んだことを学習者相互のやりとりの中で深め、それを表現していく力を育てたい、という理念のもと、パフォーマンス評価を取り入れた実践づくりに取り組んできた。それらについては第3章で詳述したい。

　プロジェクトが開始された2013年度当初は、「京都国際科や中高一貫コースはまだしも、このようなことに慣れていない普通科、特にSBコースの生徒には無理ではないか」と危惧する声が聞かれた。しかし、テーマ設定に悩んでいた生徒たちがやがてレポートに取り組みポスター制作を楽しみ、クラス内での発表を聴き合って「多くを学んだ」と感想を残す姿が担当者を納得させることとなった。

　生徒が学びを楽しむ姿こそが、次年度の担当者をこのプロジェクトに巻き込む原動力となっている。

(1)「問いを持つ」そして「考える」へ

　課題研究のテーマ設定は「総合学習」の担当者およびクラス担任の指導のもとに、「総合学習」とHRを使って行う。その際には、テーマを「問い」の形にするよう指導している。次に示すのは、2015年度課題研究に取り組んだ普通科の生徒（行先は北海道）のテーマから抜粋したものである。

　①北海道と本州の動物の生態の違いは何か

　②小樽はなぜ衰退してしまったのか

　③アイヌ民族の道具や衣服の使い方と作り方とはどのようなものか

　④北海道の生き物と人の関わりはどのようなものか

　⑤なぜアイヌの人々は差別されてきたのか

　⑥旭山動物園の人気の理由は何か

　⑦旭山動物園の展示方法にはどんな工夫がされているのか

　⑧北海道の川は南丹市と比べてきれいなのか

図2-2. 北海道研修ポスターの例（Nさん）

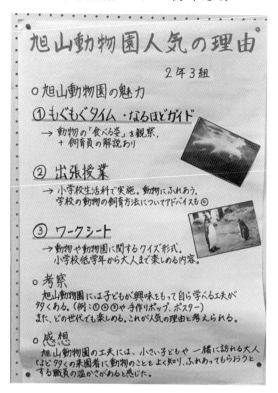

クラス内の生徒の発表は一人１分という短いものだが、「互いの発表を聴いて新たに知ることが多い」「自分の発表を１分にまとめてポスターにすることでかなり考えた」という生徒の感想からもうかがえるように、それぞれ意義深いものだった。たとえば⑥の問い「旭山動物園の人気の理由は何か」は少なからぬ生徒が持った疑問で、複数の生徒がこの問いに取り組んだ。ここではNさんのポスターを紹介する（**図2-2**）。Nさんはこの問いを持って動物園を見学し、その魅力を３点に絞り込んで考察し感想をまとめた。

　その他の生徒からも、次のような事後感想が寄せられている。「考察とか自分で深く考えられるようになった」「人に伝えるために見やすくしたり、言葉で伝える所を多くしたり、わかりやすくて聞きやすいことを心がけることができるようになった」「いろいろな人の発表を聞けて

活発な質疑応答

新しい知識や考え方が身についたのでとても良かった」「みんなポスターがすごくまとまっていて見やすかったりしゃべるのがうまかったりすごいなと思った。私もうまくできるようになりたいと思った」。生徒たちが手ごたえを感じている様子がうかがわれる。

図2－3. シンガポール・マレーシア研修ポスターの例

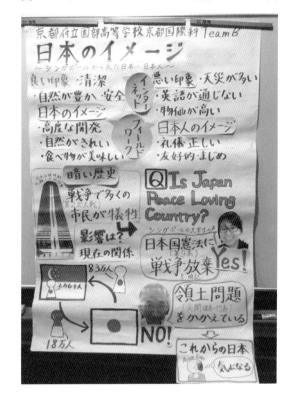

図2－3は京都国際科2年生（2014年度）のあるグループがシンガポール・マレーシア研修の際に「シンガポールから見た日本・日本人」というテーマで調査を行った結果をまとめたポスターである。街頭で日本のイメージを尋ねるインタビューをした中で"Is Japan a peace loving country?"と問うたところ、「Yes！ 日本国憲法に戦争放棄と書かれているから」という回答があったのだが、「憲法9条に言及されるとは自分たちが予想していなかった回答だった」と発表した生徒が述べていた。"外側から見た日本"の一面を発見できた貴重な経験となったようである。このポスター発表は、2014年度京都府教育委員会グローバルネットワーク交流会ポスター発表部門で優秀賞を獲得した。

京都国際科において課題研究終了後にとったアンケートには、取り組んで良かったこととして、「ポスターを作るとき、発表するときに一番に伝えなければいけないことは何かを考えて書いたり話したりできたこと」「論文の書き方、ポスターのまとめ方などの方法がわかった」「実験から次の課題や疑問が出せるようになり、深めることができるようになった」な

どの生徒の声が寄せられた。これらから、この課題研究が生徒たちに新しい経験として受け入れられ、「考える」ことを生徒たちが前向きに捉えていることがわかる。

(2) 調べ学習から論文制作へ ——Yes, Noを求める「問い」

　課題研究は、京都国際科においては学科発足の1998年度の海外研修時から取り組まれてきた歴史がある。しかし普通科（中高一貫コースを除く）においては、2013年の特色化事業開始時点からのスタートであった。普通科の生徒にとっては、ポスターからもわかるように、課題研究の内容が「調べ学習」の域にとどまっていた。しかし私たちは＜テーマ設定→仮説→検証→考察＞という「研究」のレベルまで達するレポートを書けるように育てたいという目標を持っていた。

　「テーマを問いの形で設定するように」という指導の中では、生徒たちのテーマの多くが「なぜ〜は…なのか？」という形で表された。「なぜ」で始まる問いは仮説を設定するためには一定の調査研究を必要とし、その調査研究を踏まえて仮説を設定したのちに検証作業が始まる。しかし、生

表2−1. 論文のアウトライン例（仲幸恵教諭作成）

後藤芳文・伊藤史織・登本洋子『「学びの技」—— 14歳からの探究・論文・プレゼンテーション』玉川大学出版部、戸田山和久『新版 論文の教室——レポートから卒論まで』NHKブックス、2012年を参考に作成。

論題（問い） 給食をやめて弁当を持参すべきか ←Yes/Noで答えられる問いにする。
基本知識・問題の背景 ←初めてそのことを知る人が理解できるように説明する。 ・学校給食の歴史 ・給食費未納の問題 ・家庭での食育の衰退
根拠① 成長期におけるバランスのよい食生活は大切だから。 　裏付け・共働き世帯の増加・給食の希望、手間 　　　　・給食は栄養士によるバランスのとれた献立だ 　　　　・品質が管理されている
根拠② 給食は学校では重要な食育の場であるから。 　裏付け・食を通じて地域を理解する 　　　　・好き嫌いによらない献立を食べる 　　　　・食育基本法の成立
結論　No → 弁当ではなく、給食を継続すべきである。

徒たちの学習は「なぜ～は…なのか？」について調べる「調べ学習」で終わってしまっていたのだ。

　それを一歩進めるために、2016年度「総合学習」担当グループ（国語科）は「テーマを設定する際は、YesかNoの答えの出る問いの形で設定」するよう指導した（**表2-1**）。その結果、2016年度中高一貫コース2年生（研修旅行先はシンガポール・マレーシア）のテーマからの例が以下である。

　①シンガポールの罰金制度に効果はみられるのか？

　②シンガポールは他民族国家なのに各民族間の対立はないのか？

　③日本とシンガポールの緑化政策に違いはあるのか？

（3）生徒の姿に見る成長 ──発信へ

　生徒が自らテーマを決め自分自身の力で考えて深める課題研究は、ポスター発表が終わって以降の学習活動にも効果を発揮する。本校は京都府教育委員会から「グローバルネットワーク京都」の指定を受けているため、毎年3学期に英語によるプレゼンテーションコンテストおよびポスターコンテストに出場することになっている。ポスターコンテストには京都国際科からチームを出す一方、英語によるプレゼンテーションコンテストへはチームメンバーを第2学年全体から募集して学年チームとして参加することにしている。3回目となる2015年度は、普通科のSBコース・SAコース・中高一貫コースの全クラスから合計6名が英語プレゼンテーションのチームメンバーに立候補した。

　あらかじめ与えられたテー

図2-4. 2015年度プレゼンから

美山里山舎の暮らし─京都府南丹市

里山舎の理念
「持続可能な循環を生み出す」
可能な分だけ自然からいただく

『あるものの中で、自分たちが必要な分だけいただく。消費ありきの生産ではなく生産ありきの消費。』

安心して豊かに暮らせる国際社会にするために

私たちの提案

消費優先から持続可能な生活への転換

それぞれの地域・国の特性を「知る」そしてそれを「活かす」ことが大切

マは「安心して豊かに暮らせる国際社会にするために」であった。チーム
は「豊かさとは何か」についてミーティングを重ね、全校生徒からのアン
ケート分析を経て、「『豊かに暮らす』の根底には衣食住の保証が不可欠
だ」との結論に達して、「日本は大量のエネルギーを輸入によって獲得し
消費しているが、まずこの現状についての解決策を考える必要がある」と
考え始めた。メンバーの一人の「エネルギー供給の形態を地域特性に合わ
せて柔軟に考えるべきなのではないか」という発言をきっかけとしてチー
ムは地元南丹市のNPO法人である美山里山舎を訪ねて、「持ち込まない・
持ち出さない ―― 身近にあるものだけで生活を成り立たせる」という考
え方に出会う（**図2-4**）。また、そこでのインターンシップに参加してい
たフィンランドからの研修生にインタビューして、彼女らの来日の理由が
「釘を使わない日本の伝統建築に惹かれてやってきたのがきっかけ」だと
聞いた。その経験から、日本古来の建築方法が最終的にすべて自然に帰る
材料を使うもので、それを実行し伝えていこうとしている人たちが地元に
いる、そしてそのことが、世界中からこの地へ人を惹き付ける大きな魅力
になっているということを発見したのだった。

　それは、自分たちの地域に暮らしつつ地球規模で環境問題を考えながら
世界に発信している大人たちとの出会いだった。

　なお、英語プレゼンテーションコンテストは2013年度に始まり、本校チ
ームは2013年度最優秀賞、2014年度特別賞、2015年度優秀賞を受賞した。
ポスターコンテストは2014年度から始まり、本校京都国際科チームが2014
年に優秀賞を受賞した。　　　　　　　　　　　　　　　　（田中容子）

2．事前事後学習を教科が担当する

2-1　国語：探究活動のノウハウを知る

　2年生課題研究のレポート・論文作成の方法は、国語科が指導を担当し

表2−2. 2013年度〜2015年度　各クラス共通で使用したレポート構成メモ

（髙橋文教諭・仲幸恵教諭作成）

	レポート作成のための構成メモ
①	テーマ（問題の提示　○○は××か?……何を報告するためのものであるかを明らかにする）
②	テーマ設定の理由
③	項目の設定（問題の背景や、自分が使用する理論の概略を説明する）
④	情報収集の方法（③について、具体的に　例：△△の内容を扱った本を図書館で探して調べる）
⑤	情報の分析（研究や調査の結果を整理して記述する）
⑥	考察・結論（⑤の結果を考察し、それによって得られる結論を述べていく） →長文になる場合は、見出しや小見出しをつけながら書くと良い。内容によっては、グラフなどを用いて掲示してもよい。 →結論をまとめる場合には、箇条書きにしておくとわかりやすい。
⑦	検討課題
⑧	資料・参考文献
⑨	引用はレポートに客観性や具体性を持たせ、読み手の興味を持続させる効果がある。 →引用箇所に書物名や資料名を必ず示すこと。 　著者名・書籍名・発行年月日・発行所・資料名・発行機関・調査年月日 　引用した箇所のページなどをレポートの最後に「資料・参考文献」として記載する。
⑩	感想

ている。普通科SB・SAコースおよび中高一貫コースにおいては「総合学習」、京都国際科においては現代文の時間を使った。指導の様子と今後の課題を報告したい。

（1）論文の書き方についての説明（教室）

　「レポート作成のための構成メモ」（**表2−2**）は全クラス共通で使用し、これをもとに段落ごとに書く内容と順序を説明した。多くの生徒は国語における「小論文」を書いた経験しか持っておらず、「自分の意見を順序立てて書く」、あるいはインターネットなどから調べたことをそのまま書くことが論文だと考えがちであった。

　そこで、前年度の生徒の代表的なレポートを提示し、タイトルを問いの形にすることの必要性、フィールドワークの必要性などについて意見を出し合い、「自分の意見」や「他人の意見」ではなく、「自分が持った問い」「問いに対して調べた事実」が重要なのであるということを丁寧に何度も

説明した。

（2）テーマの決定と段落構成メモの作成（情報処理室）

　各教科の授業内で行った事前学習や、インターネットなどで生徒自身が調べた内容などをもとに、必ず問いの形でのテーマ（タイトル）決定を行い、構成メモに従って必要事項を記入していった。

　テーマは各自でHRの時間に決定し、その上で「総合学習」の際に調べ学習に入るという予定であった。テーマ設定がなかなかできない生徒には、「研修旅行先で楽しみにしていることは？」など気軽に答えられる質問を投げかけ、「なぜそう思うのか？」と徐々に詳しい質問をし、そこで結論の出なかったものを調べてみるのはどうかといった指導を行った。「総合学習」の担当者１名ではすべての生徒の把握が困難であるため、学校図書館司書や社会科の教員も授業に入り、教員複数で指導にあたった。また、学校図書館司書が事前に用意した研修旅行先（北海道／シンガポール・マレーシア）に関する書籍を見て、各自のテーマを明確に決定した生徒も多かった。

　こうしてテーマ設定ができた生徒から情報の収集を始めたが、次に問題となるのが情報の取捨選択であった。インターネットや書籍から多くの情報を収集することはできるが、それを「自分に必要な情報」「正確な情報」という観点から取捨することに不慣れな生徒が多くいた。「手に入れた情報が正しいものであるか、出典を確認する、他の手段で得た情報との異同を確認する」「各自の問いの結論を導き出すために必要な情報のみを残す」、あるいは「これから手に入れなければならない情報を知る」という情報の取り扱い方についても、何度も繰り返し説明する必要があった。

　最終的にこうして得た情報をパソコンで入力し、レポートを完成させた。キーボード操作が苦手な生徒も、事前に調べた情報を構成メモの順番に従って入力するということで、集中して取り組む姿が見られた。また、生徒の中には自分でグラフを作成しレポートに組み込むなど、自分の調べた内容をよりわかりやすく他者に伝えようとする姿も見受けられた。他にも北海道の水を持ち帰り、水質調査を行った生徒もいた。

（3）調べ学習と第一回課題論文提出（情報処理室）

　構成メモにある「テーマ設定の理由」や「情報収集の方法」、また仮説など、研修旅行前に調べられることを事前に調べ、途中まで論文を書いた状態で、いったん提出フォルダに提出させた。実際に書き始めることによって調べるべきことが増え、新たな疑問が浮かんでテーマ変更に至るなど、内容を深める上でも良い機会となった。

（4）各教科から課題論文への指導

　生徒が提出した論文（途中まで書いたもの）をプリントアウトして、テーマごとに「経済」「歴史」「言語」「教育」「環境」などに大まかに分類し、「経済」「歴史」は社会科の教員に、「環境」は理科の教員に、という形で渡し、助言などを書き込んでもらった。テーマの立て方の問題、内容の矛盾点、情報収集の仕方など、生徒は研修旅行前に、多岐にわたるアドバイスを受けることができた。

（5）研修旅行先で情報収集する（現地フィールドワーク）

　研修旅行の日程の中で、自由に使える限られた時間を使ってのフィールドワークとなった。マレーシアのショッピングセンターで日用品の値段を調べる、宿泊した村で早朝の昆虫採集に出かける、シンガポールの図書館や本屋で書籍の展示を調べる、建物の写真を撮る、ゴミ箱の数を数える、北海道ではホテルや市場など行く先々でアンケートに協力してもらう、博物館で詳しく調べる、一緒に旅行に行ったクラスメイトからアンケートをとるなど、なるべく生徒自身がその場へ行き、目で見たもの、聞いたもの、観察したものなど、インターネットや書籍では調べられない情報を集めることができた。時間が少ないことや、生徒自身に調査できることの限界を考え、あらかじめ限定的なテーマに絞って調査することなどが今後の課題として挙げられる。

（6）研修旅行後の調べ学習と論文作成（情報処理室）

　研修旅行を終えて、旅行中に集めた情報をグラフや表にするなどして論

文に加え、さらに不足部分を調べ、分析・考察を経て結論を書き、論文を完成させた。「総合学習」で終わらず、放課後に作業がずれ込んだ生徒も見受けられたが、全員が期限内に提出できた。

（7）ポスター制作（教室）

　一人1分という時間の中で、伝えたいことを、それを見て聴く人にわかるように情報を整理する力を育てるのがポスター制作のねらいである。ポスターの作成においては、学校図書館司書の協力を得て、よりわかりやすいポスターとはどのようなものかを考える時間を設けた。**図2-5**はその際生徒に配付したプリントである。また、過去の作品を2枚、例として見せた上で、2枚を比較し、どちらの方が発表の補助資料として優れた作品であるか、生徒に意見を求めた。そこで、イラストや色使いだけでなく、読む順番を意識したレイアウトが大切であるといった意見が出てきた。このように生徒自身が発見したポスターの工夫は、実際にそれぞれのポスターにも取り入れることができた。

（8）課題論文集配付・ポスターセッション（教室）

　普通科4クラスはクラスごとに論文集を作成して配付し、司会・タイムキーパーも生徒が行い、クラス内でのポスター発表を行った。一人1分30秒を持ち時間とし、黒板に貼ったポスターの前でクラス全員に向けて発表を行った。それぞれの発表に対して多くの質問が出され、生徒たちによる活発な討論がなされた。

　クラスメイトの発表を見る中で、たとえ同じテーマであっても考察や感想に違いがあり、自分とは異なる視点があることに気づいたと述べた生徒も多かった。また、優秀な発表と自分の発表とを比べて、自分の改善点を省みることにもつながった。評価シートを配付して相互評価を行ったが、他者を評価することで、自分の調査方法の不備、結論までの論理の甘さ、ポスターや説明のわかりにくさなど、自分たちの問題をより明確にでき、多くの気づきがあったようだ。

（桝屋房子・宮﨑　澪）

図2−5. ポスター資料作成のポイント（山本晃子学校図書館司書作成）

2015/10　園部高校図書館

発表資料　作成のポイント

まずは、作る前に考えよう。

☆どんな場面で使うもの？　・・・伝える相手と状況を頭においておこう！

いつ？どこで？なにを？だれに？どんなふうに？（５Ｗ１Ｈ）

→今回は…

★見やすい資料をめざそう！

①見やすいレイアウトを考えよう！

・**読む順番がわかりやすいレイアウトが大事**です。見る人の目線を意識したレイアウトを、まずはざっくり書いてみよう。

※上→下、左→右など、シンプルなほうが◎。

②内容は簡潔に！

・あまり内容をギュウギュウ詰めこみすぎると、どこが大切なのかわからない資料になってしまいます。惜しくても、**内容をしぼることも大切**！

・説明文をつらつらとたくさん書いても、なかなか読んでもらえません。キーワードを箇条書きにする等、伝えたい内容を凝縮させて！

③字は大きく！

・小さな字でたくさん書いても、読めなければ意味がありません。説明の字もなるべく大きく！

・**内容が一目見てわかることが大事**！タイトルや各項目の見出しは特に大きく目立たせて、メリハリをつけよう。

★目を引く資料をめざそう！

①色を使ってみよう！

・黒１色では、地味な印象になりがちです。ポイントとなるところに色を使うと効果的。

※あまりたくさんの色を使いすぎると、かえってごちゃごちゃした印象になり逆効果です。メインで使う色として、３色くらいまでがおすすめ。

②絵や図を使ってみよう！

・文字ばかりの資料よりも、華やかでとっつきやすい印象に。

・グラフを効果的に使うと、文字で説明するよりも視覚的でぐっとわかりやすくなります。

めざせ！" 伝わる発表資料 "‼

2−2　国際理解：実感を通して世界を理解する

　専門科目「国際理解」は、京都国際科の第1学年、第2学年で各2単位履修する学校設定科目である。京都国際科における国際理解教育の中核を担う科目であるが、そのカリキュラムの一部を使って、シンガポール・マレーシアへの海外研修旅行の事前事後学習を行っている。その基本的な目的は、国際理解の視点からの、フィールドワークに向けた事前の情報提供と、事後の研究発表支援である。しかし現状の事前学習では「フィールドワークとは何か」あるいは「課題研究とは何か」といった、ごく初歩的な理解から始めて、現地事情を理解しながら研究課題の設定に向かう興味関心を高めること、現地での治安対策などを含めてフィールドワークの基本を学ぶこと、さらに事後学習では、プレゼンテーションソフトの扱い方やポスターの描き方など、指導すべき内容は多岐にわたる。

　本来は「総合学習」の活用により教科横断的に指導すべき内容が多いのだが、京都国際科では「総合学習」を「国際理解」で代替しているため、事実上、他の教科における指導の前提として、「国際理解」における指導が位置づけられている。一方で、「国際理解」は週2時間の限られた時間枠の中で、包括的な国際理解教育を実現することを目指しており、その全体教育計画と事前事後学習との整合性を図りつつ効果を上げることは必ずしも容易ではない。特に事前学習では、生徒の国際社会への一般的理解を進めながら、なるべく個別具体的な事象を取り扱う中で、生徒自身が興味関心を具体的かつ有意義な対象に結びつけ、なおかつ一般性のある課題認識へたどり着くように指導することが、教師にとっての重要な課題となる。

　海外旅行に行く一般の旅行者がそうであるように、研修旅行に向かう生徒にとっても最初に頭に浮かぶ関心事は、有名な観光地と食べ物、そしてショッピングである。たとえばシンガポールであれば、豪華な高層ホテルや人気のテーマパークを訪れ、ローカルフードを食べて、でっかいショッピングモールでお土産を買いたい、というのが正直な気持ちである。旅の準備に、自らその国の民族構成やGDPを調べたりはしない。しかし、一

方で研修旅行は学校が設定した旅行であるから、「何でシンガポールに行くの？」「途上国の田舎でホームステイするなんて」という疑問や不安は最初から付きまとっている。したがって事前学習は、生徒のこうした疑問を徐々に解消しながら、より学究的な対象に目を向けさせ、旅行の持つ本来の喜びを毀損することなく、旅行の持つ意義や新たな楽しみを自覚させることで、課題学習を旅行の中心に位置づける意味を持つ。

　さて、ここで「国際理解」での事前学習について概説する。京都国際科の2年生は第1学年での学習を基礎としながら、1学期当初、自分、つまり日本人についての考察から始める。そこでのキーワードは"identity"である。「日本人とは？」、あるいは「日本とは？」という問いとともに自分の"identity"を確認し、さらに日本人の"identity"を考える。その後、統計資料などからシンガポールとマレーシアの国情を概観した上で、多民族国家と呼ばれるこの地域における"identity"について考える。併せて今日起きている地域紛争が"identity"の対立をその基底部分に持つことを理解すると、生徒の多くは多文化共生社会の姿に強く興味を惹きつけられる。そして、街並みや生活習慣など身近に接することのできるところから、その国や社会の実相が読み取れることに気づくのである。実際には、出発時点でも生徒が食べ物や買い物に関心があることに変わりはないのだが、そこに"identity"と「文化」という視点を多くの生徒が持って出かけていることは、事前の研究テーマ設定からもうかがえる。

　海外研修旅行は、何も前提条件をつけなければ、ただの観光旅行にもなりうる。本校でもこれが初めての海外旅行という生徒も少なくない。彼らにとっては、行くだけで驚きや興奮、そして多くの喜びがある。そこに堅苦しい「課題研究」などという枠をはめては「生徒がかわいそうだ」という声も聞く。しかし、初めて経験したときの感覚……共感や納得あるいは違和感や不安、場合によっては嫌悪感などは、それがより鮮烈であることで、異文化理解の重要な鍵となる。国際理解は実学である。世界は常に動いている。その中で、生徒が直接見聞した経験から、「我々は異なる社会に住む同じ人間であること」を理解することができるとしたら、それは最も有効な国際理解教育の手段の一つと言える。　　　　　（栄永唯利）

2−3　世界史：着目する点を明確に

（1）事前学習（特設授業）の目的

　世界史B担当者がシンガポール・マレーシア研修の事前学習を行うこととし、普段の講座を解体してクラス単位で1時間の特設授業を行った。シンガポール・マレーシアの歴史（過去）を学ぶことで、研修旅行に行ったときに、その国の実情（現在）をより深く理解し、願わくは生徒それぞれが今後（未来）の両国、さらに世界との関わりを考え行動できる契機とすることが目的である。

（2）特設授業全般の留意点

　特設授業にあたり、全般として気をつけたことは以下の三つである。
　①「すべてを言わない」…答えを自ら導き出すことを目的としているからである。
　②「現地に行きたいと感じさせる」…興味がなければ何を見ても何を聞いても心には残らないと考えるからである。
　③「相違点と共通点に着目させる」…日本と両国、そして両国相互の経済的・社会的・文化的な相違点・共通点には必ず歴史的背景があることに気づいてほしいからである。

（3）特設授業での学習項目

　以下、項目ごとの学習内容と、そこで留意した点を整理する。
①シンガポール&マレーシアの基本情報（10分）
　両国を対比して整理した基本情報項目は次の通りである。独立年・旧宗主国・政治体制・人口・気候風土・主要産業・通貨・GDP・民族構成・公用語・宗教。一覧表にすると共通点（旧宗主国＝イギリス、気候風土＝熱帯雨林気候）、微妙な相違点（民族構成＝割合が違う、公用語＝シンガポールでは中国語、タミル語が加わる、宗教＝マレーシアではイスラムが国教となっている）、相違点（主要産業・一人当たりGDP）が明らかになるが、隣同士の国で相違点があることを指摘し、次の歴史学習の準備とす

ることに留意した。

②シンガポール&マレーシアの歴史（35分）

　歴史的経過の中で、宗教の伝来、産業の発達、民族構成の由来、そして諸外国との関わりを整理するが、その過程で隣国インドネシアの民族・文化・宗教がマレーシアとほぼ同一であることにも触れ、オランダとイギリスという旧宗主国により国境が設定されたことも説明する。もちろん第二次世界大戦時における日本軍による貴金属や労働力徴発などの占領政策にも触れ、負の歴史にも目を背けず現在と未来を考えていく必要のあることを指摘する。また、シンガポールとマレーシアが分離した背景（中国系住民とマレー系住民の経済的格差）にも触れ、公用語や民族構成などの微妙な違いのあった基本情報を補足する。また、この過程では多民族・多文化国家であるが故の食生活をはじめとする文化の多様性についても補足し、生徒の興味関心を喚起するように努めた。

③研修旅行課題学習に向けてのアドバイス（5分）

　プリントに記した内容は以下の三つである。

　　ア「共通点と相違点に着目しよう」

　　イ「普段着の文化に着目しよう」

　　ウ「日本にない（もの・こと）に着目しよう」

　アについては、「日本を含め自動車は左側通行である」など、一見当たり前に思えるような共通点などに気づいてくれると嬉しいという思いであった。またイについては、京都の観光地を引き合いに出し、京都人は観光地で買い物しないことを指摘した上で、「晴れ着」ともいえる観光客向けでない「普段着」の生活から本当の姿を垣間見るように促した。ウについては、どんなに些細なもの・ことでもいいので見つけてみようという関心を促すように心がけた。

（4）今後の課題

　他の取り組みとの連携、および事後の検証を行い、各生徒が課題研究のテーマ設定や研究方法を計画する際の参考となり得たかを分析し、来年度以降につなげていきたい。　　　　　　　　　　　　　　　（神脇　健）

2−4　日本史：「なるほど！」といった声が挙がる発表に

　研修旅行にあたり、２年生日本史Ｂ担当が北海道研修の事前学習を担当した。研修旅行中のフィールドワーク、旅行後のレポート作成とポスター発表に向けて生徒が事前学習ですべきことは、北海道について「〜は…か？」という問いを自分で設定することである。しかしながら、生徒が自分で問いを立てる作業そのものが大変困難であると感じられた。したがって、生徒に事前に必要な知識を与えるというよりも、日本史を１テーマとして生徒が問いを立てるというねらいを持った事前学習を展開する必要があると考え、実際の授業を計画した。

　まず１時間を費やして教員から問いを立てやすそうなトピックを７点生徒に提示し、生徒はその中から好きなものを選び教科書などで調べ、実際に問いを立て、さらに問いの答えとして予想される仮説も調べるという授業を展開した。七つのトピックは「本州は縄文時代から弥生時代に移るが、北海道では縄文時代が続いた」「江戸時代（田沼意次の時代）に蝦夷地の開発が進んだ」「幕末に北海道が盛んに探検され、正確な地図が作られた」「江戸時代にはアイヌが松前藩の大名のもとにやってきていた」「明治時代の北海道の開拓はアメリカをモデルに行われた」「屯田兵として北海道に士族（元・武士）が移住した」「全国で三番目に開通した鉄道は実は北海道だった（1880年）」である（**図2−6**）。

　調べる、問いを立てる、仮説を立てるという作業は席を移動して友達と話し合ってもよい形としたので、普段の授業にはない話し合いが自然と発生するアクティブな授業となっていた。私自身も机間を回って、手が止まっている生徒や私語をしている生徒には声をかけた結果、複数のトピックについて考えることができた生徒もいて、授業の終わりには、一人一人が自分の設定した問いおよび仮説を発表することができた。ある授業では「なぜ幕末に正確な地図が作られたか」という問いを生徒自身が立てた上で、「ロシアの船が接近していたから国防上必要になった」という仮説まで発表し、他の生徒から「なるほど！」といった声が挙がっていた。

　授業の成果は、他の生徒の発表や思考の方法を見ることで、他の生徒が

図2−6. 事前学習プリント（抜粋）　　〔　〕内は、生徒が書き込む部分

日本史　研修旅行事前学習プリント！

① 本州は縄文時代から弥生時代に移るが、北海道では縄文時代が続いた！

　　☆本州の原始から古代の時代区分

　　　　縄文文化 → 弥生文化

　　　　　…〔稲作が大陸から伝わる、弥生土器や金属器が使用される〕

　　　北海道

　　　　縄文文化 → 続縄文文化（前3世紀〜6世紀）

　　　　　…〔稲作は行われず、食料の採取、狩猟、漁労を中心とした生活が続く〕

　　　　　→ 擦文文化やオホーツク文化 … 独自の土器を使用 → アイヌの文化へ発展

　　○問い …〔なぜ北海道に稲作は伝わらなかったのか。〕

　　　　　　〔北海道は文化的に遅れたままだったのか。〕

　　◎問いの答えとして予想されるのは…

　　　　〔北海道は寒冷な気候であり、稲作に適さなかったため。〕

　　　　〔大型の魚や怪獣を捕獲するための漁具や方法の改良、新しい魚場の開拓が進められ、独自の文化が発展していった。〕

「こう考えればいいのか」とある程度理解することができたことなのではないかと思われる。また、課題研究で日本史に関する問いを立てて発表した生徒は多く、その中には授業で提示したトピックについて発表した生徒もいた。さらに、問いから仮説、結論までの流れが論理的でわかりやすいレポートや発表を行うことができた生徒が何人もいたのは事前学習を教科の中で行った成果ではないかと考えている。

　今後、生徒が歴史の本質を突くような問いを設定するために、事前授業でどのようなアプローチが必要か再考し、授業のフォーマットを作成したいと思う。また、授業の評価をどうするかという問題については、授業の最後にアンケートを行いその結果を上手く授業に反映できれば、次の年度により効果の高い授業を行うことが可能なのではないかと考えている。

　　　　　　　　　　　　　　　　　　　　　　　　　　　　　（中村　心）

2−5　理科：テーマ設定の手がかりを

　理科では、２年の「化学」「地学基礎」「物理基礎」「生物基礎」の授業において、各教員が個々の専門性や生徒の状況に合わせて事前学習を行った。

　普通科の「化学」「地学基礎」では、「科学的な探究の方法について」事前学習を行った。課題研究を進める上で生徒が最も苦慮していることは研究テーマの設定と研究計画の作成であると考え、科学的なテーマ設定をするにあたって注意すべき点と、科学的な探究のアプローチについて説明した。講義ではプレゼンテーションソフトを用い、グループワークも実施した。具体的に取り組んだ項目は次の通りである。生徒は説明もよく聞き、グループワークにもよく取り組んだ。

・科学的なテーマ設定とアプローチ

・テーマ設定で大切にすること

・テーマ設定の方法

・テーマ設定例の紹介

・科学的に探究する方法を考えるグループワーク

・科学的に探究する方法の見体例の紹介

　京都国際科の「生物基礎」では、「果実」という言葉からグループに分かれて、次のように手順を示してブレインストーミングを行った。

---

①「果実」という言葉から思いつくイメージ、言葉を自由に挙げ、付箋に書く。

②　①で挙げた言葉を、分類してつなげていく。

③　②の分類を参考に、調べたい項目をピックアップし、付箋に書く。
　　（栽培場所・方法・味など）

④　調査したい項目を選び、調査方法を挙げる。
　　（インターネットで事前調査、現地調査、実食など）

　以上の手順に沿って調査項目を整理し、調査計画を作成することにより現地調査がスムーズに行えることを説明した。生徒たちから自由な意見が活発に発せられたが、授業時間内では具体的なテーマ設定までには至らなかった。調査項目を十分に吟味して個々の計画を作成するには多くの時間が必要であり、結果として京都国際科では理科に関わるテーマを設定した生徒はいなかった。

　普通科の生物では「北海道の気象」「北海道の動物」「旭山動物園にいる動物について」、そして物理では中高一貫コースを対象に「シンガポールのエネルギー対策」について話題提供をした。「シンガポールのエネルギー対策」については、シンガポール政府発表のデータや新聞記事などの情報からグループワークを行い、シンガポールの国土や自然の特徴、エネルギー需給状況や今後の方針などを探った。

　生徒が取り組んだ研究テーマは社会的なものや経済的なものが多いが、以下のように理科に関わるテーマに取り組んだ例もある。

　生徒Aは「北海道の農業には何が関係しているのか」という研究テーマに取り組んだ。「作物がよく育ち、品質の良い作物をたくさんとるためには広大な作地面積や北海道ならではの気候、土が関係しているのではないか」と考え、特に土について調査、考察を進めた。実際には、土を採取したり、本州（たとえば生徒の地元の京都府京丹波町）の土と比較したりというところまではできなかったが、「土」という項目に絞ってテーマを設定することができた。

　生徒Bは「北海道の川はきれいなのか」という研究テーマに取り組んだ。北海道の空知川と京都の園部川について、「川に生息している生物」「COD（化学的酸素要求量）などの水質調査」の項目に絞ってそれぞれ定量的に調査を行った。測定値の評価や分析は難しいようだったが、CODやアンモニウム態窒素の量など調査項目すべてにおいて園部川より空知川の方がきれいな川であるという結論を導き出すことができた。

　生徒Cは「北海道の牛乳はなぜおいしいのか」というテーマに取り組んだ。おいしさの要因が何であるのかを予想しながら、いくつかの成分について調べることにした。当初、牛乳に含まれる成分を実験によって確かめ

たいという希望もあったが、混合物であること、学校にある薬品で正確に定量実験することが難しいことから今回は断念した。実際に北海道の牛乳を購入して、京都の地元の牛乳などと成分比較をしたり、味を調べたりした。

　生徒たちは、授業内で紹介されたテーマをそのまま選択することは少なく、それに触発されてテーマを決定した生徒の方が多いようだった。たとえば、外国の理科の教科書について興味を持ち、日本の教科書と比較しようと考えた生徒もいた。中には、直接紹介されていない分野でも、理科の教員に調査方法や測定方法などについて個人的に相談する生徒もいた。

（遠山晶子）

グループワークでの意見交流

2-6　音楽：なぜ？　と問う意識を引き出す

　音楽では北海道研修事前学習の取り組みを4時間行った。過去の事前学習では北海道の音楽に関する知識を一方的に教えていた。しかし、問いを立てさせることがなかなか難しく、論文を書く上では事前の調べ学習をしっかり行うことが重要だと感じ、本年度は授業の中で各自の調べ学習も取り入れた。

　1・2時間目は、北海道にはどのような音楽があるだろうかという生徒への発問をした後、北海道の民謡とアイヌ音楽の二つを提示し、鑑賞・歌

唱をさせながら授業を行った。3・4時間目は1・2時間目で学んだ内容の中で、疑問に感じたことについてグループで「なぜ○○は××なのか？」という問いを立て、各自でそれぞれそ

図2-7. 事前学習のワークシート（抜粋）

アイヌの音楽

うたと口承伝承
　1　ユカラ（ユーカラ）　→
　2　子守唄　　　　　　　→
　3　ウポポ（座り歌）　　→
　4　輪踊り歌　　　　　　→

アイヌの楽器
　1　ムックリ（口琴、口琵琶）→
　2　トンコリ　　　　　　　　→

◎グループで疑問に思ったこと（問い）を交流しよう。
　　例「なぜ○○○は△△なのか？」

の問いについて調べた結果をレポートにまとめた。

　過去の取り組みでは、北海道の音楽に興味のない生徒も多く、こんな疑問でいいのかという自信のない生徒や、「疑問なんてない！」という生徒が多かったが、今年度は、自発的に知ろうとする姿が見受けられたのが、成果の一つである。また、生徒が考えた問いに「その疑問いいね！」「お！いいところに目を向けたね！」「私も知りたいな！」という声かけを行うことにより、自信を持って取り組むことができた生徒も多かった。

　次年度は、レポートを自分のことばで発表するところまで授業を進められるとさらに深い事前学習になるのではと考えている。　　　　　（岡野友美）

2-7　英語科：自分の体験を英語で話す

　英語科では主に研修旅行の事後学習として、パフォーマンス課題を与えて発表の場を設けた。2年生普通科SBコース・SAコースは北海道研修旅行について、中高一貫コースはシンガポール・マレーシア研修旅行について事後の課題（**図2-8**）に取り組んだ。どのクラスも「英語表現Ⅱ」の時間を作成の時間に充てた。

また、京都国際科では学校設定科目である「スピーチ」の授業を使って事後学習を行った。

本課題の目的は生徒が研修旅行先で感じたこと、考えたことを振り返り、学びを深めると同時に、学習してきた文法事項や表現方法などを駆使して伝えたいことを英語で考え、英文を創り、クラスで発表することで学習内容の定着を図るというものである。発表時間は一人１分で

図２－８. 研修旅行１分間スピーチワークシート
（細野慶教諭・和気秀美教諭作成）

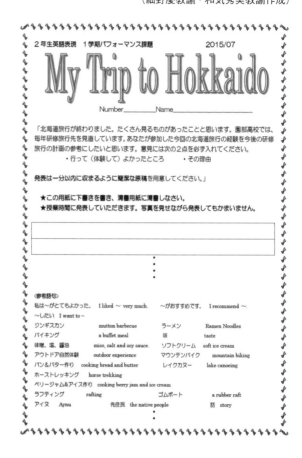

統一し、難度の高い英文を大量に作成するよりは、学習してきた表現を思い出し、自分の表現できる範囲の英文で書くことを目指した。

手順は、研修旅行後、最初の授業でプリントを配付し、課題を提示する、そして１～２時間準備時間を設け、グループの形態で活動し、英文を作成し、一人ずつ発表するという流れであった。

普通科の生徒たちの学力は様々で、一定の英語力があり、実体験を英語で伝えることに高いモチベーションを持ち、一人でどんどん進めることができる生徒もいれば、「自分で英文を創る」こと自体がストレスになる生徒もいる。英文作成が厳しい生徒のことも考えて、ワークシートに英文作成のヒントとなるよう、参考語句も提示した。また、40名程度の生徒に対して教員が１名というクラスもあったので、教員が各グループを巡回して

サポートするのと同時に生徒同士、教え合い助け合いながら課題に取り組んでいた。研修旅行の思い出に浸りながら、「楽しかったこと」と「後輩へのメッセージ」を中心に作業が進められた。研修旅行のしおりを見直す生徒もいれば、写真を見ながら取り組む生徒も複数見られた。

　英文が完成したら、授業中もしくは休み時間や放課後に教員に添削してもらい、間違いのない英文が完成したら、何度も声に出して読むなど、それぞれ暗唱の時間に入る。そして、一人一人の発表の時間となる。ここでも一語一句間違わずに発表することよりも、むしろ実体験が「伝わる」話し方をすることに重点を置いて指導した。発表の基本となる、アイコンタクト、声の大きさ、感情などの重要な要素も教え、評価した（**表2−3**）。

表2−3. 原稿・発表　評価シート

評価基準　英文作品について

	内容
5	旅行で経験したことについて、よかったことが自分のエピソードと意見を交えて具体的に説明されている。今後の旅行計画に参考になる内容であり、発表全体が魅力的である。文法上の間違いがほとんどない。
3	旅行で経験したことについて、よかったことが自分のエピソードと意見を交えて説明されている。
1	研修旅行での印象に残った出来事やエピソードが、不十分な内容で少量、文法的には正しくない文で説明されている。
重み付け	×12

評価基準　発表について　＊各項目は別々に評価する

	暗唱	伝えようとする意思	音量
5	メモを全く見ないで発表している。	よく目が合う。伝えようとしている。	よく聞こえる。
3	メモを時々見ている。	あまり目が合わない。とりあえず言っている。	聞こえにくい。
1	メモを読んでいる。	まったく目が合わない。伝える気がない。	聞こえない。
重み付け	×2	×3	×3

京都国際科ではパワーポイントを使用して研修旅行中の写真を１枚〜数枚提示し、その写真についてクラスで発表した。スピーチの授業では人前で発表する機会が多く設けられているが、「自分自身の経験を英語で語る」ということは彼らにとってもよい経験となった。 （細野　慶）

2−8　人権教育：自他の尊重を考える一助に

　北海道研修旅行は、導入された2007年当初から歴史学習の一環とすることが企画されていた。折しも先住民族の権利に関する世界的な関心の高まりもあり（同年９月「先住民族の権利に関する国際連合宣言」国連総会採択、翌年洞爺湖サミットに先立って「先住民族サミット」アイヌモシリ2008が開催）、先住民族としてのアイヌ問題を学習できるよう、白老ポロトコタンの「アイヌ民族博物館」見学を行程に加えた。その際に、人権教育を教育の要としてきた本校の伝統にも照らして、事前学習「日本の少数民族問題　〜『日本の先住民族アイヌ』について学ぶ〜」をホームルームの１時限を用いて企画し、以降継続してきている。

　学習形態は人権教育担当者が作成したプレゼンテーションソフトを併用した講義を中心として、『イランカラプテ　こんにちはアイヌ文化』（アイヌ文化振興・研究推進機構、2007年）の視聴も併せて行っている。

　指導目標は、①日本の先住民族アイヌの問題について基礎的な知識を学習する、②異文化を認め合うという民族共生の在り方を探る、③人権問題におけるマイノリティの存在について普遍化し、自他の尊重を考える一助とする、である。

　学習内容は、本来アイヌ民族の生活・文化圏が現「北海道」「日本」領域にとどまらない生活圏・文化を形成していたことを踏まえ、特に江戸時代以降の先住民族であるアイヌ民族が収奪の対象とされ、従属化していく動向や差別の様相を近代日本の国民国家形成と展開の歴史と重ねながら理解できるようにした。ただしその際に、受動的な被支配者としてのアイヌ民族像の強調に陥らないよう、アイヌ文化や社会の主体性にも触れるよう

心がけた。

　なお、歌舞の実演に触れ文化の動態から学べる白老、民族の復権や文化の振興に尽力された方の講話を聴講できる平取町立二風谷アイヌ文化博物館、「北海道」そのものの自然や歴史とともに考察できる北海道博物館と、各年次の担任団の要望や処々の事情により見学施設を変更してきたため、その都度、見学施設に沿った学習内容を取り入れた。　　　　（青木　満）

<注>
1　園部高校課題学習プロジェクト（2014年度）については、徳島祐彌「京都府立園部高等学校『課題学習プロジェクト』」（西岡加名恵編『高等学校における「探究」の指導』京都大学COC事業報告書、2015年、pp.70−83）に詳細に紹介されている。

コラム①

思いがけない生徒の姿

北海道研修の事前学習においては、多くの教科担任が北海道との関連性を見いだし、生徒へ様々な投げかけを行った。教員から生徒に知識を伝えるだけでなく、少し視点を変えて北海道の大自然や歴史・文化を通して考えさせることで、生徒たちは徐々に素朴な疑問を持ち、日常生活や北海道での体験を想像しながら思いを寄せて、柔軟な発想から様々な問いを持つことができた。

課題研究のフィールドと位置づけた箇所

①二風谷アイヌ文化博物館
②富良野での選択アクティビティ
　（フィッシング・マウンテンバイク・レンタサイクル・アイスジャム＆ソーセージ）
③ラフティング
④旭山動物園
⑤札幌研修（北海道大学など）
⑥北海道博物館
⑦小樽班別研修

生徒たちはそれぞれ「問い」を持って研修に臨んだことにより、研修旅行の見学の姿勢に「北海道を全身で感じ取りたい」という気持ちが表れていた。特に多くの生徒がテーマを設定した旭山動物園では、地形を生かした飼育者の設計における工夫や展示方法の仕掛けを見学時間いっぱい隅々まで見ていたのが印象的であった。

この研修で意義深いと感じられたことの一つに、生徒が自ら考え課題を設定し、その課題に適した行動を計画するために、日頃仲良くしている友人だけでなく、男女問わずグループをうまく編成して交流しながら行動できたことが挙げられるだろう。

さらには、学習のまとめとして見やすいポスターを作成し、自分のことばでわかりやすく発表するといった、一回り大きくなった生徒たちを発見することができた。担任として生徒の成長を間近に見ることができたのはとても大きな喜びであった。

ラフティングに挑戦

（杉浦利哉）

第**3**章
自己表現への意欲が学ぶ力に
—— 英語科の取り組み

| ペアワークで暗唱をチェックする生徒たち

　"I" を主人公として "I think 〜" という意見表明を生み出す授業の中で、学習活動の当事者になった生徒たちは私たちの想像を超えた力を発揮する。そのような授業を創るには、発信への意欲を持てる言語活動と、その活動を生み出す教科指導が必要だ。そのような授業はどのように創られるのか？　園部高校英語科のここ最近の実践を報告して一つの提案としたい。

1. 自分の思いを発信する

2016年9月。ある日の英語の授業──3年生普通科SBコース英語表現。ナチュラルスピードで読み上げられる英文を生徒が聴き取って書き取るディクテーションから始まる。最初の文はSVOC構文の復習 "Passports enable us to visit other countries."。生徒たちは耳で聴いて手で書き取る。聴き取れなければ英語でリピートを要求し綴りや意味を質問する。"Please repeat the sentence." "Please tell me the spelling of the word, enable." "Please tell me the meaning of the word, enable." …… 口々に生徒たちが英語で発言する光景は日常のものだ。ディクテーションと英作文演習が終わって一段落し、私はKくんの髪の毛が短くなっているのに気づいたので、"Kensuke, you had your hair cut, didn't you?" と話しかけた。"No!" と彼は勢いよく答え、「前髪の分け目をセンターからサイドに変えただけなのに、みんなに『髪の毛切ったの?』って言われる」と説明した。"So, you just changed your hair style." と言うと、"Yes!" と応答してくれた。

SBコースには、高校入学時には英語に対して苦手意識を持つ生徒が多く在籍するが、入学直後の学び直し期間を経て、決してやさしくはない教科書を使ってゆっくりと英文の読解を学び、並行して発信型の言語活動をすることを通じて、生徒たちは次第に英語を自分のものとして使うことに慣れていく。

SBコース・SAコース・中高一貫コース・京都国際科、それぞれの生徒の英語力は、構文把握と語彙に関しては大きな差があ

英語スピーチ発表

るとはいえ、英語を使ってコミュニケーションをとろうとする姿勢に大きな差はない。学び取った表現を使って、「私の大切な写真」や「研修旅行の思い出」など、自分の思いや経験を発信することへとつないでいく言語活動は、すべてのクラスに共通のものだ。

　SAコース・中高一貫コース・京都国際科の授業に目を転じてみよう。生徒たちは毎年この時期に行われる英語スピーチ発表に向けての原稿作成と発表練習に余念がない。自分で決めたテーマで300～500ワードの英文エッセイを作成し、それを暗唱して発表するのである。内容は「東京オリンピックは必要か」など、自分の問題意識から主張を展開するものもあれば、「鮎モドキを守りたい」という、自らの体験から生態系保護を訴えるものまで、多岐にわたる。この英語スピーチ発表は20年以上の歴史を持ち、上記三つのコースの英語学習における最大のパフォーマンス課題と言える。一方SBコースには、「英語による群読発表」というパフォーマンス課題がある。毎年９月になるとSA・中高一貫・京都国際科の生徒たちが「スピーチ作成が大変！」と言いながら部活に通う姿が見られた中で、SBコースの生徒たちから「私たちも何かしたい」という積極的な声が上がったのがきっかけで、歴史に残る名演説を暗唱して群読形式に演出して発表するというパフォーマンス課題が2013年から始まった（パフォーマンス課題のうちのいくつかについては後に詳述する）。

　園部高校での英語教育の特徴は、英語を机上での学習に終わらせず上に述べたようなパフォーマンスを通じて「自分の言葉」にしている点だと言えるだろう。このような教育実践が生まれてきた背景には園部高校英語教育におけるいくつかのターニングポイントがあった。以下に説明したい。

２年生群読発表 The Great Dictator

2. すべての生徒に英語力を育てる
―教育目標を明確に

（1）SELHiを変革のチャンスに

　園部高校は、1990年に普通科の中に国際文化コースを設置して以来、そ
れを発展させて京都国際・福祉科（1998年発足）とし、現在はそれを改編
した京都国際科（2006年発足）という専門学科を持っている。これら一連
の専門学科は「体験を通じて生徒を育てる」ことを基本方針として、英語
関連科目と国際理解Ⅰ・Ⅱを専門科目として展開する学科である。

　その内容の変遷はあったものの、英語科は「体験を通して生徒を育て
る」という基本方針のもと、実際の海外交流活動、英語によるプレゼンテ
ーション活動（英語による調べ学習を経て英語で発表）、自作原稿による
スピーチ発表など体験的言語活動を含むカリキュラムを通して生徒を育て
てきており、その成果は進学クラス（当時の普通科Ⅱ類）の授業にも生か
すことができていた。しかし一方、基礎コース（当時の普通科Ⅰ類）にお
いては入学当初から生徒の間に大きな学力差が存在し、英語に対して強い
苦手意識を持つ生徒が多くいるという実態に対して有効な授業の手立てを
講じることができないままになっていた。この状態を抜本的に改革するチ
ャンスとして大いに活用されたのがSELHiだった。

　指定を受けた高校は3年間にわたって研究費の援助を受けて、それぞれ
の研究開発課題に取り組む。その時の園部高校が取り組んだ研究開発課題
は、「学習意欲を効果的に高める指導を通して、豊かなコミュニケーショ
ン能力とグローバルな視野の育成に資する指導・評価方法の研究開発」で
あった。私たちは、その研究開発課題を生徒の実態に照らして次のような
三本柱によって具体化した。

---

1. 目標設定と評価の研究
- 「逆向き設計」論を学び、到達目標としての学力形成をめざすカリキュラムを形成する
- パフォーマンス評価を取り入れる

> 2. 学力差に対応する個に応じた指導方法の研究
>
> 3. 実践的な英語運用能力を育てるための指導法の研究
>   ・入門期のつまずきを回復する方策
>   ・音声を多用した言語活動の形態と生徒相互の言語活動
>   ・わかりやすい授業の研究促進と機器の活用促進

　SELHiの期間に、私たちは特に学習に困難を抱えている生徒たちが英語活用の力を身につけるにはどのような指導がありうるのかについて様々に実践を重ねたが、当初のやり方は、基本的に検定教科書を使用しながら独自の到達目標を記述語で明示して学力の質を明確にし、設定した目標に向かって生徒の英語力を育てるというものだった。

　この、２年間かけて整備したSonobe Assessment Grid（園部高校英語科の目指す学力を質的側面から文章表記したもの。長期的ルーブリック）（**表3-1**）が、英語科教員の実践の向かう方向性を揺るぎないものにした。2006年度には附属中学が発足しており、中学・高校の英語科教員が相互乗り入れを行う中で、６年間一貫のSonobe Assessment Gridを整備することができたのも幸いだった。このGridが目標として共有されていたために、授業は授業者の個性に応じて多様に展開されることが可能となった。このGridは現在も実践に照らして見直しつつ、さらに洗練されたものへと改訂されつづけている。

　さらに、英語力を多面的に評価するために、それまでの筆記テスト・実技テストに加えてパフォーマンス課題を取り入れた。パフォーマンス課題の実践では、課題設定が生徒に受け入れられるものであれば、座学ではみられない、生徒たちの生き生きした言語活動を見出すことができた。生徒の姿が実践者を励まし、パフォーマンス課題は抵抗なく年間シラバスに位置づけられていった。

表3－1．Sonobe Assessment Grid 2016年度版（園部高校英語科作成）

園部高校英語6年間Assessment Grid

習熟段階		1	2	3	4	5	6
理解	Reading	身近な名詞がわかる。ごく短い文が理解できる。	高頻度語で書かれたやさしいテキストが読める。日常生活の広告や時刻表の中から必要な情報が読み取れる。	英文の主述および後置修飾句をつかめる。さまざまな分野の現代的な問題（言語・学習・科学・環境・社会）の文を辞書を使いながら読める。	複文構造を理解し、後置修飾節を理解して前から読み進めることができる。物語文をどんどん読める。評論文の論旨の展開が理解できる。英字新聞など辞書と注釈があれば読める。	長い文学作品が読める。自分の興味のある分野の専門用語を含む文が読める。英字新聞や英語サイトを辞書があれば読める。	辞書を使って専門的な論文が読める。英字新聞や英語サイトを読める。
	Listening	授業で何度も使う表現や語句を聞き分けることができる。	自分の家や家族や直接関係する身の回りの具体物について、人がゆっくりはっきりしゃべってくれたら、なじみのある語や基礎的な句を認識できる。	学習したテーマに関する質問を聞いてわかる。またそのテーマに関するメッセージや読まれた文の内容を聞いて理解することができる。	学習したテーマに関する短い、簡単なニュース、メッセージがゆっくりはっきり読まれたとき、メインポイントを聞き取ることができる。	ゆっくりはっきり読まれたテレビの番組やニュースのポイントが聞いてわかる。	長いスピーチや講義を聴いてわかる。知っているトピックなら論理が多少複雑でも理解できる。テレビや時事番組の大部分が聴いてわかる。方言スラングの多くない映画ならほとんど理解できる。
表現	Writing	アルファベットで自分の名前が書ける。練習した短文が書ける。	文法的な間違いを含みつつも、簡単な日記などの短文を書くことができる。既習の語を使って短文を書くことができる。	学習したテーマ及び自分の興味のあることについて簡単な感想や意見を書くことができる。	興味のある幅広い分野に関して、理由や説明文などを加えて、意見や感想を書くことができる。後置修飾句・節を使って表現することができる。	自分の好みや意見に理由を加え、パラグラフ構成が整った程度の長さの文章を書くことができる。	しっかりした論理構成のアカデミックな題材の小論文や報告を書くことができる。
	Oral Communication	自分の名前、住んでいる都市名などを言える。	簡単な文を使って自己紹介と家族・学校part活動などの紹介をすることができる。	自分の町、知っている人々のことを簡単に述べることができる。	文をいくつか効果的に組み合わせて経験、夢などについて述べることができる。	自分の好みや意見を理由をつけて述べることができる。テーマに基づいてまとまったスピーチができる。	自分の興味のある分野でのさまざまな話題について、視点を明確に、説得力を持って、発表することができる。
		練習して発話できる。相手が繰り返してくれて身振り手振りがあると理解できる。	話を聞こうとして耳を傾けてくれて、たどたどしく発話するのを援助してくれる相手であれば、ごく簡単で必要なことを質問したり、質問に答えたりすることができる。	学習したテーマ及び身近な事柄について情報のやり取りをすることができる。しかし会話を長く続けることはできない。	英語が話されている地域へ旅行する際に出会うさまざまな場面で、辞書の力を借りて情報の入手と意思の伝達を行うことができる。	自分の興味のあることや生活圏内の事柄（趣味・家族・出来事など）についてなされる会話に参加できる。	英語のネイティブスピーカーに対してごく自然かつ自然的に会話をすることができる。身近な場面で、ある事柄について自分の意見を説明したり主張したりしながら会話に積極的に参加することができる。
知識		英語の音に慣れる。発音されたひとつながりの英語の音に慣れる。			複文構造の英文を音声で理解する。		読む・書く・聞く・話す活動を通して多様なジャンルの英語を経験する。そのことを通じて英語の体系に習熟する。
		英文の基本的な成り立ちを理解する（主語のかたまりの直後に述語動詞のかたまりが置かれる）			従属接続詞でつながれる文の連結を読み取る。		
		主語と述語という概念を理解する。					
		名詞・代名詞・人称の概念を理解する。（3単現を知る）			間接話法		
		特殊な文の形を知る（命令文・There ＋be動詞の文）					
		疑問文と否定文の構造を知る（Do Does Didの役割）					
		疑問詞の意味とその使い方を理解する。			間接疑問文		
		自動詞と他動詞の区別を認識する。			SV＋名詞節、SV＋名詞＋分詞、SV＋名詞＋不定詞の多様な構造を知る。		
		SV＋名詞・SV＋名詞＋名詞・SV＋名詞＋形容詞の形が表わす意味を理解してこれらの構文を使える。					
		andと but、従属接続詞のwhenの使い方を理解する。			従属接続詞全般		
		動詞を知る（一般動詞・be動詞）（現在形・過去形）（過去分詞形）（不規則変化）			仮定法を理解し、使える。		
		be＋〜ing が表わす進行形を理解する。			多様な助動詞 助動詞＋完了形		
		助動詞の意味と使われ方を理解する。					
		be＋〜ing が表わす進行形を理解する。					
		be＋〜ed が表わす受身形を理解する。					
		「時制」の概念を知る。（現在・過去・未来）					
		完了形の表す概念を知る。			完了進行形 受身の完了形		
		前置詞を知る。前置詞＋名詞の表す意味と働きを理解する。					
		英文の基本的な修飾構造を理解する（形容詞＋名詞）（名詞＋前置詞句）（副詞＋動詞）（動詞＋前置詞句）			名詞＋関係詞節を正しく理解し、使える。		
		現在分詞（〜ing）の意味と用法を理解する。					
		過去分詞（〜ed）の意味と用法を理解する。					
		to不定詞の意味と用法を理解する。					

3.「英語なんか絶対に使わへん」と言う生徒たちと

　筆者（田中）は、研究主任としてSELHi研究対象の2006年度入学生普通科Ⅰ類３クラス：理系・文系・一般系（当時の名称。系に分かれるのは２年生から）担当者グループの一員だった。中学入学から３年間の英語学習を経て高校に入学してくる生徒たちの英語力の差には想像を絶するものがある。英語によるニュースを読んで簡単な意見を表明できる生徒たちがいる一方で、基本的な単語の習得も、文法の理解もしていない生徒が多数いる。しかし、高校入学後の学習経験の中でこれらの差が縮小されるということもまた事実である。そのような確信を持って2006年度には１年生を担当し、ある程度の手ごたえを感じた後に、SELHi ２年目は２年生となった対象学年の一般系を担当した。

表３−２．2006年当時の類系

2006年〜2009年当時の普通科の類・系の編成。当時はⅠ類とⅡ類で教科書を分けることになっていた。＊現在普通科の類系は廃止されている。		
普通科Ⅰ類	理　系	主として理系分野への進学希望者向けコース
	文　系	主として文系分野への進学希望者向けコース
	一般系	主として就職希望者向けコース
普通科Ⅱ類	文・理	大学進学特別進学コース

　この経験は、これが後の筆者と英語科の授業実践の方向性を決めたと言っても過言でないほど貴重なものとなった。というのは、このクラスでの授業実践が困難を極めたからである。**表３−２**にあるように当時の普通科Ⅰ類一般系は主として就職希望者向けコースとして設定されていて、国語、英語と数学の単位数が他クラスよりも少なかった。この位置づけが、生徒たちの学習意欲を伸ばす方向とは逆の方向に作用したのである。

（1）目標の共有と柔軟な授業設計
　学びの土俵から下りている生徒に高次の学力を提供するには、授業内容

を生徒たちの興味関心に近づけて構成する必要がある。そのためには、授業のテキストや方法論ではなく、目標を教員および生徒と共有することが重要である。目標を共有することで、生徒の実態に応じて様々に授業を工夫することを可能にした実践スタイルが確立するからである。このおかげで、筆者は到達目標を維持したまま、担当した一般系の生徒たちの現状に合わせて教材と授業内容を柔軟に工夫することができた。

　この一般系クラスの生徒たちが選択したOral Communicationという授業講座の例を紹介したい。その講座は当時の普通科基礎コースの中の、数学や英語、理科の単位数の少ない履修セットの中に置かれた選択科目の一つだった。＜情報処理・食物・Oral Communication＞から一つ選べ、という選択を迫られて、「キーボードが使えない」「調理実習はめんどくさい」という消去法から、6名の生徒がOral Communicationを選んだのだ。生徒たちはOral Communicationの教科内容に何らの興味も関心も持っておらず、最初は始業のベルと同時に寝るという状態で、この講座の授業用に決められていた教科書は生徒たちの状況に対して全く無力だった。

（2）目標内容を実生活へ埋め込む

　筆者は生徒たちからの聴き取りから「実際の行動の中での学習」が有効なのではないかと考え、目標内容を実際の行動の中へ埋め込んで捉え、①「英語だけを使って協力してホットケーキを焼く」、②「英語だけを使ってトランプゲームをする」、③「英語だけを使って担当者に自分の紹介をする」という課題を設定した。①と②は学習活動としての課題、③は評価課題として設定した。いずれの課題も生徒とやりとりすることから彼らの学習の要求として出されてきたものだった。

　ホットケーキを焼くという課題は1回きりのもので、A spoonful of sugar. Two cups of flour. Put them into the bowl. Mix them. などの英文を前もって表にし、少なくとも担当者（日本人教師一人、ALT 2人）は英語だけを使って作業した。"Put two cups of flour into this bowl." などの指示が身ぶりも交えて生徒たちに理解され、生徒たちからの"OK！" "Good" などの発話もあった。出来上がったホットケーキが美味しかった

ことから、この授業は生徒の満足度が一気にあがるものとなり、「この後何がしたい？」という問いに生徒から出されたのが「遊びたい。トランプで"大富豪"やりたい」という声だった。私は６名の生徒を２グループに分けてそれぞれに日本人教師とALTがつくという態勢を整え、英語を使ってカードゲームをする教材（語彙・例文表）を作って臨んだ。授業は、"Who will deal the cards？""I will.""Do you have a good hand？""So so."などの会話がたどたどしくも交わされる場となって、寝る生徒はいなくなった。この状況からヒントを得て、この後、筆者はALTの協力を得て"英語で質問ゲーム"を考案し、生徒たちが互いに英語で簡単な質問をし合う活動も取り入れていった。たとえば積み木の塔から積み木を１本ずつ抜いていくゲームで自分の抜いた積み木に"How old are you？"と書かれてあれば、英語でそれに答える、"Please ask Mayumi how old she is."と書いてあればそのクラスメイトに英語で質問する、という風に、生徒たちのダイナミズムに依拠した形でどんどん言語活動を進めた。"How old are you？"の積み木を引き当てたＡくんは、「16歳やけど、16ってどう言うの？」とつぶやき、「オマエ、sixteenも知らんのけ」とＢくんが教える、という場面なども生まれた。そして、この英会話の授業で見出された活路を私はそのまま英語Ⅱの授業に応用し、様々な試行錯誤はあったが生徒たちは次第に授業に参加し始め、最後には英語での写真集を制作して卒業していった。「学習活動の当事者」になった生徒たちの力は、私の想像を超えたものだった。

　選択授業のOral Communicationも、クラス単位の授業英語Ⅱも、生徒が授業に全く参加してくれなかった最初の段階から、教材と授業内容づくりにおいて試行錯誤の連続であった。ホットケーキづくりやカードゲームを授業内容として導入できたのは、リアルな文脈でパフォーマンス課題を設定するという方針の成果であったと言える。また、ホットケーキづくりとカードゲームがそれだけで終わらずに、生徒同士の英語による会話へと発展していったのは、担当者の指針の中に"レベル３の英語の力を育てる"という明確な目標が維持されていたためである。

　この授業には後日談がある。Ｂくん――彼は最初の授業では真っ先に寝

ていた生徒だが、ホットケーキづくりで英語を使うことに触れてからはトランプでも率先して英語を使うようになり、日常会話にずいぶん慣れてきていた――が、「あの授業楽しかったなぁ。英語なぁ、俺、会話なら任しといて」と言いながら報告してくれたのだ。次のような出来事が彼に英会話に関する自信を持たせたのだという。

　彼がアルバイトをしていたガソリンスタンドに、ある日、外国人らしい客が来た。店員はしり込みして誰も応対しようとしないので、店長は「オマエ高校生やろ！」とＢくんの背中を押した。英語が通じる客だったので、Ｂくんは英語で対応してなんとか客にガソリンを売ることができた。それを見ていた常連客が次のように言ったのだ――。「にいちゃん、すごいな～！　高校へ行っとったら、こんなことができるようになるんか？　ワシは高校へ行っとらんけど、高校ってところはすごいところやな！」と。Ｂくんのこの経験は、学校で身につけたことをそのすぐあとに実生活において役立たせることができたという幸運な出来事だったと言える。

　この経験がＢくんの英語に対する自信を深めたことは言うまでもない。一連の出来事を報告してくれたＢくんの顔は、本当に嬉しそうだった。「オレ、読んだり書いたりは自信ないけどな。会話やったら任しといて」。しかし、それまでのＢくんは英語の授業中は寝てばかりいて、起きてくれと肩を揺する私に「ほっとけ！」と怒鳴り、放っておけないと言うと「仕事はテキトーにしとけや」と言うような状態だったのだった。

　実践から私たちが学び取ってきたことは、生徒たちが「学んだことを活用し、活用することを通じて学んだことの習熟を深める」ということだった。2009年度から始めた「『ことばの力』育成プロジェクト」研究実践では、そのことを前提としてパフォーマンス課題にもとづいた評価についてさらに研修を重ねつつ、多様な授業展開について研究を継続することとなった。

4．英語の論理的理解を──生徒のつまずきに学んで

（1）語順に注目する

　ホットケーキやカードゲームは、生徒の興味関心を惹く題材でそれを通じて生徒が言語活動へ進んで参加する動機にはなり得たが、これだけでは生徒が英語の運用力を自分のものとして使い、自己発信することにはつながらない。英語という言語の成り立ちをきちんと理解して納得し、自分で英文を読み解き、自分の表現したいことを英語にすることのできる力を育てるには、論理的理解を抜きにしてはならない。

　しかし英語が苦手な生徒たちに、「どこがわからないの」とたずねても「全部」と答える生徒たちが多い。これほどわからなくては、さぞ中学時代の英語の時間が辛かったのでは（？）と思われる、このような生徒たちに対して私たちは、高校入学直後に「学び直し期間」を2か月間設けている。日本語と英語との語順の違いに注目して、生徒の身の周りのことを表現する英作文活動を行うのだ。このようにして、日本語の構造とは異なる英文構造を、英作文練習を通して理解することを目指すのである。

　日本語はSOV構造（主語＋目的語など＋述語動詞）の語順で構成されているが、英語はSVO構造（主語＋述語動詞＋目的語など）が基本である。名詞に対する修飾構造が、日本語は［形容詞・形容詞句・形容詞節］＋名詞であるのに対して、英語は［形容詞］＋名詞の場合と名詞＋［形容詞句・形容詞節］の場合がある。「私が幼い子どもだった時に」の英語は「When I was a little children」であり、「〜時に」を表す語の位置は英語と日本語とでは全く逆である。

　この取り組みは2006年度から始まり、毎年の第1学年基礎コース担当者グループが教材を改訂しながら受け継いでいる。この教材は、一般に英語入門期の必須事項と思われているbe動詞の活用や三人称単数現在についての説明はさておき、特に英文構造に注目して日本語との違いを認識しながら正しい語順で英文を構成することに重点を置いている点が特徴である。この教材構成は入学直後の生徒にとっては目新しく、学び直しとは言

え「高校レベル」だと実感させるのに十分である。

　英語学習入門期にいる生徒たちにとって語順の理解が最大の壁なのである。それに加えて代名詞の人称による格変化・述語動詞の語形変化などが、大きな闇の怪物のように襲いかかってきては、「もうお手上げ」という気分になってしまう。たとえばbe動詞の活用は、主語の単複、人称そ

図3−1. 2012年度「学び直しシート」から

（永井妙子教諭・坂上渉教諭と共に田中容子が作成）

園部高校英語科：これで英語はバッチリワークシート　5

No.(　　) Name (　　　　　　) 日付 (　　　　　)

9.　次の前置詞の、テキストで用いられた意味を書きなさい。

on	
under	
between	
in	
at	
to	
from	
of	

10.　上の前置詞を用いて次の日本語を英語になおしなさい。

(1)　テーブルの上のiPod

(2)　机の下のペン

(3)　両親の間にいる男の子

(4)　ポケットの中の携帯電話

(5)　ドアのところにいる女の子

(6)　空の（中にある）月

(7)　この絵の中の少女

(8)　友達からのメール

(9)　シンガポールへの旅行　＊シンガポール Singapore

(10)　EXILEのメンバーのうちの一人

```
テーブル　the table
机　the desk
ペン　a pen
両親　his parents
ポケット　a pocket
携帯電話　a cellular phone
ドア　the door
絵　picture
空　the sky
月　the moon
絵　picture
友達　friends
メール　e-mail
シンガポール
旅行　a trip
EXILEのメンバー
　EXILE members
```

図3−2. 教科書ワークシート例（2012年度）（三省堂 Crown Communication English）

Number_____ Name_____

2012年　SB Course｜3
Crown English Series I　Worksheet

Crown English Series I　Lesson 3 Abu Simbel −Rebirth on the Nile −

本文を読む前に：次のことを知っていますか？

世界遺産：　　　　　　　　　　　　　　京都府にある世界遺産は？

エジプト：どこにありますか？　　　　　ナイル川：どこにありますか？　　　アスワンハイダム：日本との関係は？
ラムセスⅡ世：誰？

1. In 1972,
   UNESCO adopted ⎸the Convention Concerning the Protection of the World Cultural and Natural Heritage.

   ユネスコは _____　世界の文化遺産および自然遺産の保護に関する条約を。
   *site(名)場所、名所、旧跡　*UNESCO_____ adopt(他)_____
2. Emi　knows　about World Heritage sites｜because｜Kinkaku-ji Temple　is　near her home [in Kyoto].

   恵美は知っています _____　　　　　金閣寺が_____ ある｜ので｜.
3. She　decided　＜to do some research　on other World Heritage sites＞.

   _____ は _____　_____ ことを　_____ について.
4. She　found　this information　on the Internet.　*this→以下の=次ページ以降の内容を指す
   　　　　　　　　　　　　　　　　　　　　　　information 情報

して述語動詞の時制という三つの論理を同時に操って決定しなくてはならない。このような複雑な思考を必要とするものは、この時期には学習課題としては要求せず、身近な話題を英語で表現することを通してゆっくりと理解を深めていく。英語での表現には、「学び直しシート」（**図3−1**）のように、語順を提示することで難易度のハードルを下げている。また、SVO文型を最初に紹介して一般動詞の活用から学び直し、Be動詞には後から出会う工夫をしている。その際も最も一般的なisを使う文脈にしている。

（2）効果的なワークシート

　２か月の学び直し期間の後は、学年共通のテキストをこの基礎コースでも同様に使用して主に英文の読み取りのしかたをゆっくりと鍛えていく。生徒たちを闇から救い出す役割をするのが、意味のかたまりを見つけだして英文の構造を見抜く力であり、私たちはこれを英語の基礎基本であると

考えてワークシートを用いて生徒の理解を助けている（**図3−2**）。

　語順の理解は生徒たちに「自力で読める」という実感をあたえ、読むことがおもしろい、と感じさせることができる。この時期に生徒たちは自分のことを短い英文で語り発表するというパフォーマンス課題（後述）にも取り組む。これらの学習の中で、縦線、SVなどの記号、前から順に読み進むという発想が生徒に共有されて、長い英文をも読み解いていく補助線のような役割を果たす。さらに、こうした英文へのアプローチが生徒たちの間の共通理解となることによって、学習の共同にも道を拓いていく。

5.　協同学習

　本校に入学してくる生徒たちの間には、いわゆる筆記テストで測れる力には大きな差がある。辞書があれば英字新聞を自力で読めて意見が言える人たちから、かろうじてABCは読める人たちまで、幅広く分布している。そのような場合、一般的にはコースごとに教科書のレベルを変えるのが妥当だという意見があるかもしれない。私たちも2011年度までは普通科Ⅰ類とその他のコースの教科書を別々にしていたが、2012年度からはSBコースもその他のコースと同じ教科書を使い始めた（三省堂Crown Communication English, English Expression）。教科書の英文は**図3−2**に紹介したようにワークシート化し、コースの必要に応じて注釈を増やしたり、補助教材を入れたりして、それぞれのコースの特性に合わせる努力をしている。

　教科書の英文をワークシート化し始めた当初の理由は、書写が遅くて授業についてこられず意欲をそがれる生徒に対する援助だったが、これが他の生徒にも有効であるとわかり、次々と受け継がれて、現在ではすべてのクラス・講座で教科書をワークシート化している。教科書を統一したことでワークシートのすべてのコースでの共有化が可能になった。共通教科書を使用することはSBコース生徒にとっては授業の難化を意味するが、こ

れに対するSBコースの生徒の反応は悪くなく、むしろ歓迎された様子だった。彼らのプライドを守った、と言えるかもしれない。

　Sonobe Assessment Gridのレベル５～６に相当する英文理解の力があれば、必要なときにインターネットや新聞、書籍で英語による情報を獲得することができる。これは、できるだけ多くの若者に習得してほしい力である。しかし、このレベルの読解力はこみいった複文構造を理解する力を要求し、母語で多様な語彙を蓄積していない生徒たちや論理的に考えることが苦手な生徒たちにとっては大変困難な作業となる。情報を正確に読み取るためには、英文を論理的に読むことが必要なのだが、長い英文がたとえ縦線で具体的な部分に区切られていたとしても、部分理解の段階から全体像理解の段階への段差が大きすぎるのだ。しかし学習を協同作業とすることで、この段差を乗り越える可能性が生まれる。

　Reading（2011年度３年生２学期中高一貫コース）の授業を例にしたい。２学期に次のようなパフォーマンス課題に取り組んだ。

パフォーマンス課題：以下の記事はBBCホームページからのものです。正確に読み取り、英語を読めない日本人読者のために日本語の記事に直してください。

From BBC　June 4th　　South Sudan independence

1. The people of South Sudan are preparing for independence after 99% of voters backed leaving Africa's biggest country in two, following decades of conflict with the north.

Why do most southerners want their own country?

2. Sudan's borders - like those in the rest of Africa - were drawn up by colonial powers with little regard to cultural realities on the ground.

3. South Sudan is full of jungles and swamps, while the north is mostly desert.

4. Most northerners are Arabic-speaking Muslims, while the south is made up of numerous different ethnic groups who are mostly Christian or follow traditional religions.

5. With the government based in the north, many southerners said they were discriminated against, and north and south have fought each other for most of the country's history.

6. Southerners were also angered at attempts to impose Islamic law on the whole country.

以下省略。全部で700words程度。

この課題には高い英語力が要求されるが、活動を協同化することでクラス内の学力差を乗り越えることができた。生徒たちは読みの段階で4人グループを作る。個々人がそれぞれのスピードで読み進むのだが、難解な箇所については自然に会話が生まれてくる。たとえば、「1の英文のbackedって、動詞やな？　leaving以降が目的語になっているということかな？」

グループ学習

グループを越えて相談

「followingってどこからつづいているの？」という疑問がグループ内で出されて、グループ内で解決されない時は席を立って他のグループに意見を求める場面も出てくるのだ。

　このような学習に対して生徒たちからは以下のような声が寄せられている。

個人でやるよりもグループ学習の方が客観性や論理を重視できると思う。自分が訳した根拠を言葉にするのも大切なのだと思う。私はグループ学習の方が好きでした。グループ学習の方が、自分の意見が言いやすかったので。自分でやるだけではわからなかった構文や日本語訳を理解することができたし、協力しながら日本語訳を創っていくことができたし、良かったと思う。寝なかったから良かった。グループ学習は、わからないところがすぐに聞けてよかった。2講座にわけるタイミングもよかった。個々でやるべきことを決めることで責任感もあったし、やりきった時の達成感

もありました。グループ学習では、いろいろな人の意見が気軽に聴けて良かったです。新たな考え方が発見できることもたくさんあり、良かったです。多くの人の意見を聞いた方が良い学習になった。時にはクラス全体で、時にはグループという形態でと、使い分けたのが良かった。

　英語科における基礎基本──縦線、SVなどの記号、前から順に読み進むという発想──が生徒たちの間での共通用語となっているため、上記のような学習の協同が成立するのだと思われる。

6. 自分のことばで語るということ
──「わかる」から「習熟」へ

　ことばを運用するには語彙力や文の構成力など、一定量の知識がなければならない。そのためか語学の授業は往々にして「知識の詰め込み」に陥りがちである。「単語テスト」や「語法テスト」が毎週行われるという風景は、多くの高校英語授業で見られるものだろう。私たちももちろん「語彙形成」はしているが、詰め込みよりも、生徒が自ら考え判断してそれを使うことによる学習効果が大きいことを実感し、英語を自分自身のことを語る文脈で使うことを重視してきた。そして、そのような活動をパフォーマンス課題として年間の学習活動に位置づけている[1]。

　ここでは、普通科SBコース２年生が英語表現を全クラスで行った２回のインタビューについて報告しよう。５月のインタビューでは生徒は、まず１時間かけて、ワークシートを用いながら自分の紹介文を英語で作成し、その次の時間にインタビューを受ける。ワークシート作成の授業時間には、教師が生徒の間を歩き回りながら、「メモは最初から英語で書く。簡単な英語で書けるように、言いたいことを分割して」というアドバイスを何度も行った。

　SBコースの生徒たちは緊張しながらALTとのインタビューに臨み、実

に爽やかな顔で戻ってきた。自分の英語がnative speakerに通じたことがとても嬉しかったようだ。しかし自分の発話に対して相手からなされる質問を聴き取ることができずに悔しい思いをしたという声も聞かれた。

図3－3. Cさんのメモ（添削されていないもの）

Cさんのメモ（高校2年生5月）

My name is ****. I'm 17 years old.

My family has 5 members and 1 dog, whose name is hazuki.

I has a part-time job after school in Shimoyama Supermarket.

I work on Sunday, Thuseday, Wednesday and Stersday.

My favorite is go to live. I'm good at dancing.

I learned dancing when I was in elementary and junior high school. My favorite singer is Sadie of visual- kei Rock band.

　図3－3は、比較的英語が苦手であったCさんのものである。Cさんはこのメモをもとにインタビューテストに臨み、約30秒の自己紹介の後、ALTから質問がなされた。

“Where is the supermarket which you are working for?”

“Do you enjoy working there?”

“How long have you been learning dancing?”

　Cさんは一生懸命英語で自己紹介し、質問を懸命に聴き取ろうと身を乗り出してALTとやりとりし、次のような感想を残した。

　「はじめの方は（メモを）見ないでスラスラ言えたけど、途中から詰まったし、何回も見てしまった。緊張でいつもぐらいの大きな声が出せなかった。でも、ゆっくりと発音もきちんと言えたと思う。質問の英語がイマイチよくわからなかった。単語がわからなくて日本語で答えたところもあった。練習でできたことが本番でできなくてくやしいです。次は発音をもっと良くして、目を見て、スラスラと大きな声でスピーチできるようにしたいです。そのために、家でしっかりと練習したいと思いました」

このパフォーマンス課題がＣさんの背中を次のステップへと押しているのがわかる。このような感想はＣさん以外の生徒からも多数聞かれた。一方「質問の英語がイマイチよくわからなかった」という声は、自分で英文を創って話す力に対して相手の英語を聴き取る力が弱いということを示し、それはそのまま授業者側にとっての課題となった。今後の授業において「聴き取る」訓練と語彙を習熟させる指導の課題があると自覚されたのだった。

このインタビューに続いて７月には研修旅行後、１分間スピーチを行い、これらに自信を得て２学期９月には本校に２週間滞在したオーストラリアからの高校生との交流授業を行った。自分の身の周りの物でぜひ紹介したい物を一つ用意して英語で紹介する、というパフォーマンス課題だっ

表3－3. インタビューテストのルーブリック（評価表）

The Interview Test

	5	4	3	2	1	Weight	Evaluation
Volume	Just around 30 seconds	Between 20 ～ 25	Between 10 ～ 19	Less than 10	No performance	×6 =30	
Delivery	Very good delivery. Very expressive.	Good delivery. Expressive. Good voice. Good eyecontact.	Good voice.	Speaking reluctantly	Speaking very little English	×6 =30	
Answer	Response to all the questions in good sentences	Response to almost all the questions in sentences with a little bit mistakes.	Try to response to the questions in sentences	Try to response to the questions with words	Hardly able to answer the questions	×6 =30	
English	Perfect sound of every consonant.	Good sound of every consonant. Showing some effort.	Good sound of almost half of the consonants.	Having a lot of mistakes.	Impossible to understand	×2 =10	

Full score 50

た。たこ焼き、混ぜご飯、漬物など、なぜか食べ物が多かったが、写真を見せながら英語で懸命に説明する姿が見られた。

7.　目標とパフォーマンス課題を共有して

　私たちは、「どのような英語の力を生徒たちに育てたいか」を共有している。一方で、授業で使用するワークシートも、「生徒にとって使いやすかった」という観点から次第に受け継がれ、共有化されながら、それぞれの授業にとって使いやすいように改訂されてきた。根底にあるのは、「どの生徒もとりこぼすことなく英語の授業に参加させよう」という心意気である。SBコースの生徒たちが入学当初は英語が苦手でも、授業の中で目からうろこが落ちるように理解が進み、暗唱や発表などに進んで取り組む、その姿が私たちの背中を押してきたと言えるだろう。

　表3－4を見ていただきたい。ここ数年間で実施されたパフォーマンス課題から筆者が関わったものを一覧にしてその課題が要求する習熟段階に位置づけたものである。一つの課題が幅広い習熟段階に対応しているのがおわかりいただけると思う。たとえば課題9はすでに紹介したインタビューであるが、インタビューに応じる姿勢を評価する指標と、その中で使う英文の洗練度を評価する指標とを分けることで、異なる習熟段階の生徒に対応することができるのである。72ページ以降では英語科が行ってきた多様なパフォーマンス課題を生徒の姿を交えて紹介する。　　　　　（田中容子）

<注>
1　2006年度にパフォーマンス課題に初めて取り組んだ際には次の文献を参考にさせていただいた。森千映子「自分の体験を通して表現力を伸ばす」北原琢也編著『「特色ある学校づくり」とカリキュラムマネジメント』三学出版、2006年、pp.79－97。

表3−4.　パフォーマンス課題と習熟段階

パフォーマンス課題と習熟段階との関係（2012年度〜2015年度実施分から筆者が関わったものを抜粋）

習熟段階		1	2	3	4	5	6
理解	Reading			1（3年生1学期全クラス）村の貧困を解決するためにユヌス氏がとった方策を、この話を読んでいない人にもわかるよう、英語で簡潔にまとめてください。			
				2（3年生2学期全クラス）キング牧師がワシントン大行進で行った演説を聴き取り、原稿を読み、最もあなたの心に残った部分を250ワード程度選び、その部分をキング牧師の気持ちになって暗唱し発表してください。			
	Listening			3（2年生2学期全クラス）映画「独裁者」の最後の演説を聴き取り、グループ内で分担して群読してください。主人公のメッセージが聴く人に伝わるよう工夫して群読形式の発表をしてください。			
表現	Writing + Oral Communication		4（1年生1学期普通科Basic）あなた自身について簡単に自己紹介してください。				
			5（1年生1学期全クラス）「私が紹介したい人」というテーマで、英語で発表してください。				
			6（1年生2学期全クラス）学校の中で、あなたの好きな場所や場面はどこ（いつ）ですか?お気に入りの場所（場面）を写真にとって、どんな風に素敵なのか、なぜ好きなのか、クラスの人に語ってください。				
			7（1年生3学期普通科Basic）ここにみなさんの学校生活を撮った写真があります。気に入った写真を選び、その内容について英語で説明文を書き、暗唱して発表してください。動詞の現在形と分詞を用いて少なくとも5文書くこと。				
				8（1年生2年生2学期:普通科Advancedコース、中高一貫コース、京都国際科）自分でテーマを設定し、それについて300〜500ワード程度で英文エッセイを書き、スピーチの形式で発表してください。			
			9（2年生1学期全クラス）ALTの先生に対して、まず自分自身のことを少なくとも五つの英文を使って述べ、その後それについての英語による質問に答えながら対話を続けてください。				
				10（2年生1学期全クラス）研修旅行が終わりました。たくさん見るものがあったことと思います。園部高校では、毎年研修旅行先を見直しています。あなたが参加した今回の海外研修旅行の経験から、今後の研修旅行の計画に対して意見を述べてください。ぜひ参考にしたいと思います。意見には次の2点を必ず入れてください。 ・行って（体験して）よかったところ（いくつでも）・その理由			
				11（2年生2学期全クラス）みなさんは毎日学校へ制服を着て登校していますが、「学校に制服は必要ではない」という主張もあります。「学校に制服は必要ではない」という意見に対して、あなたは賛成ですか、反対ですか。賛成か反対かを述べた上で、理由を述べてあなたの意見を書きなさい。あなた自身の経験・場合を述べると説得力が出てよいです。			
					12（3年生3学期普通科Basicコース）もうすぐ卒業ですね。これまで生きてきた18年間を振り返って英語で自分史を書いてください。		

8. 英語教育実践 ― パフォーマンス課題を使って

8-1 「英語で落語」
―― 一緒に笑うというコミュニケーション （附属中学校3年生）

　附属中学校では、英語落語を授業の中で取り上げ、実際に演じることに挑戦している。中学校3年生を対象に1学期の後半に実施している。生徒に対して提示した課題設定は次の通りである。「中学校3年生に依頼が来ました。日本の笑いを海外に広めてほしいというRakugo Associationからの依頼です。ペアで協力して登場人物になりきり、表情豊かに小噺をしてください」。

　採択している検定教科書の中に英語落語について取り上げているLESSONがある。LESSONの導入では、実際の英語落語のDVDを見せ、英語落語がどういったものなのか生徒にイメージを持たせる。この時、生徒たちはすでに英語落語のおもしろさの虜となる。「時そば（時うどん）」などの代表的な古典落語を知っている生徒もそうでない生徒も、目を輝かせて英語落語を観ているのだ。DVD鑑賞の後、生徒たちに問いかけた。「なぜ噺家の人たちは面白く落語を演じることができたのか」と。そこで生徒たちは気づいたようだ。リズムよく、大きな声で発表ができていたこと、語りにメリハリがあったこと、そして表情豊かに、身振り手振りで演じていたことに。これらが、英語落語を通して生徒たちにつけたい「英語で発信する力」である。

　英語落語の題材は、大島希巳江著『やってみよう！　教室で英語落語』（三省堂、2013年）の中から難易度別に10の小噺を取り上げた。生徒たちは発表するペアで話し合い、どの小噺で発表をするかを決める。この時、難易度の高い小噺を選ぶと、評価点に加算されることを説明した上で選ばせる。最もやさしい小噺は「Gamblers（賭けごと好き）」で56語、登場人物は2人。最も難度の高い噺は「The Zoo（動物園）」で390語、登場人物は3人のものであった。結果的に、難度の高い「The Zoo」を選んだペア

が最も多く、他にも比較的難度の高い噺を選んだペアが多かった。生徒には導入の段階で本番までの日程（練習の時間がどれだけあるか、リハーサルについてなど）を確認する。これは、生徒が見通しをもって、限られた時間の中で必要な準備をする力をつけるためである。また、評価基準も確認する。教師が生徒とパフォーマンス課題を通して「つけたい力」を共有するためである。**表3－5**はその評価基準である。

　本番の前には必ずリハーサルの時間をとるようにしている。これは、発表をより良いものにするために必要不可欠なものであると考えている。リハーサルでは、発音や表現のしかたなど教師の方から「より良い発表にするために」という観点で助言をし、修正を加える。避けたいのは、本番になりふたを開けてみたら全然できていなかった、というパターンである。教師が適度にチェックを入れることで、質の高いパフォーマンスを演出できると考えている。

　本番には、Rakugo Associationから英語落語の講演会を観に来たという設定でALTにも来てもらい、評価してもらう。こういった演出は発表会の雰囲気や生徒の意欲をより高めてくれる。評価はALT 2名とJTE 1名で行った。生徒たちは発音や表情はもちろん、「間」のとり方やジェスチ

表3－5.「英語で落語」のルーブリック

	協力度	声の大きさ	発音	表現
5	協力して、積極的に発表している。発表準備が整っている。	とても大きな声で聞きやすい。	ほぼ間違いなし。下の発音が可能な限り間違いなく発音できている。r, l, th, s, sh, b, v,	感情が込められている。登場人物になりきって発表している。観客を楽しませようと努力している。
3	自分のところだけがんばれている。発表準備が不十分。	ところどころ聞き取りにくいところがある。	カタカナ読みであるが、正確である。	あまり感情が込められておらず、登場人物になりきれていない。観客を楽しませようと試みている。
1	全く協力できていない。発表準備ができていない。	発表の大半が聞きとりにくい。	英語らしい発音ができておらず、理解することが難しい。	棒読みで、感情が全く込められていない。話し手がどんな気持ちなのかが伝わってこない。

ャーにも工夫をこらし、素晴らしい発表をしてくれた。

　感想の中で多かったのは、「ALTの先生が笑ってくれて嬉しかった！」という内容である。英語のネィティブ・スピーカーであるALTが笑っているということは、自分の英語が伝わっているという裏付けにもなる。生徒たちは自分の英語が伝わったという事実が一番嬉しかったようである。

　今回のパフォーマンス課題では、生徒が最初に実際の英語落語を観ることから始まった。このことは、取り組みが成功した要因の一つであったと思われる。本物のパフォーマンスを観ることで生徒たちに発表のイメージがわき、目指すべき水準が明確になり、「やってみたい」と思わせることができたのである。今回の対象生徒であった中学校3年生の中には、英語に対して苦手意識を持っている生徒も少なからずいた。しかし、発表する小噺の難易度を幅広く設け、自分たちの現状に合わせて自己選択できたことで、そういった生徒たちへの支援もできたと考えている。

　英語落語は、英語で発信する力をつけるのに最も優れた教材の一つである。一緒に笑うことに勝るコミュニケーションはないのかもしれない。

（坂上　渉）

8−2　「私が尊敬する（紹介したい）人」
── 自らを省みて将来を考える　（高校1年生 全クラス）

　すべてのコースの高校1年生を対象として、「あなたが尊敬する人（紹介したい人）を探してください。そして一人に絞り込み、その人をクラスメイトに紹介してください。その際、その人がどんなことをしたのか。なぜあなたがその人を尊敬しているのか（なぜあなたがその人を紹介したいのか）を、聴く人によくわかるように話してください」という課題を5月から6月にかけて実施している。

　自分の「好き」という気持ちを発表することができるテーマ設定なので、原稿作成や暗唱練習を通じて英語力の向上を図れるだけでなく、聞き手にうまく伝えるための方法を前向きに学ぶことができる。また、尊敬する人物（紹介したい人物）を調べていく中で自身の興味関心を改めて発見

することができたり、クラスメイトの発表を聞く中で友人のことをよりよく知ることができたりといったことも期待できる。

　入学してから初めての本格的なパフォーマンス課題ということもあり、コースに応じて語数を指定している。SBコースで50語程度、SAコース、中高一貫コース、京都国際科では150〜200語程度である。SBコース以外は、本課題の直後からスピーチの取り組みを始めるため、エッセイの基本要素をここで習得しておく必要がある。なお、発表は人物を大きく印刷したものを提示しながら行う。

　指導の手順として、まずは概要を説明した後、ALTによる見本を示す。その際、**表3−6**のルーブリックを提示し、原稿に含むべき内容や発表時に意識すべきことなどをあらかじめ確認し、イメージをつかませてから各自の取り組みに移る。

　生徒たちは、紹介する人物を一人に絞り、来歴や功績などを調べていく。この作業はどの生徒も非常に熱心な態度で取り組むことができる。書き上がった原稿は必ずALTかJTEのチェックを受ける。多い場合は生徒

表3−6. 課題「私が尊敬する人」のルーブリック

評価	Content（内容）	Memorization（暗記）	Pronunciation（発音）	Volume（声の大きさ）	Posture（姿勢）
5	自分の尊敬する人物が誰であるかを紹介している。その人について、何をした人かを詳しく具体的に説明している。なぜ自分がその人を尊敬するのかを具体的に述べている。発表全体が魅力的である。	つまるところなく発表できている。	ほとんど英語らしい発音である。	はっきり大きい声で発表できている。	クラスメートの顔を見て話そうと意識している。
3	自分の尊敬する人物が誰であるかを紹介している。その人について、何をした人かを詳しく説明している。	少し助けを借りて最後まで話せる。沈黙が少しある。	英語らしい発音をしようと心がけている。	十分ではないが聞こえる声である。	時に上や下を向いたりする。
1	自分の尊敬する人物が誰であるかを紹介している。	ほとんど覚えておらず、かなり助けが必要である。沈黙だらけである。	カタカナ読みがほとんどである。	声がかなり小さい。	かなりの時間下を向いている。伝えようとする気持ちが見られない。

と教員の間で原稿が3往復以上することもある。原稿が完成すると発音チェックを行い、その後に暗唱チェックを行う。準備に費やすことができる授業時間は1〜2時間である。ただし、生徒によって進度が大きく異なるため、授業時間内に暗唱チェックまで終える生徒もいれば、昼休みや放課後を利用しなければならないケースもある。

　多くの生徒が芸能人や作家、芸術家などの著名人を調べて原稿を書き上げるが、家族や友人、お世話になった先生など身近な人物を取り上げる生徒もいる。その一つを次に紹介する。

"The person I admire is my mother. She was born in Kyoto. Her age is a secret, because if I say her age, she will get angry with me. She is an ordinary woman. But, she has very strong heart. Two years ago, my father died because of illness. So, we became family of three, and she became the central pillar of my family. I have felt her strong support since then. She has heard my interesting stories everyday. She has cooked delicious foods. I am given many advise by her. I continue to get all of her support more. I cannot thank her enough. So I want to support her to repay the favor. I don't want to be too selfish. I want to help her. I want her to feel my strong support too. And I want to be a mother similar to her."

　少々のミスはあるものの、尊敬する人物が何をしたか、なぜ尊敬しているのかがしっかりと書かれており、今回の評価基準にのっとってこの原稿を評価すると「5」である。例のように、その人物像や功績に影響されて、自身もこうありたい、こんなことをしていきたいと書いた生徒は少なくなかった。尊敬する人物を調べ、まとめていく過程で、生徒自身が自らを省みて将来を考える材料となるという点で、本課題はいわゆる"英語の勉強"以上の意味を持つと言えるかもしれない。

　一方、英語の語順や基礎単語が身についておらず、英作文がほとんどできない生徒がSBコースを中心に相当数存在する。そういった生徒が本課題に取り組むには大きな壁がある。その壁を取り除くために、いくつかの例文と日本語訳を提示したり、作品例を示したりして雛型を用意している。発音や暗唱に困難を抱える生徒も多い。繰り返し発音を訂正した

り、一緒に暗唱の練習をしたり、何度も練習することで発表までに何とか覚えている状態にする。この作業は生徒にとっても教員にとってもかなりの重労働であるため、お互いに粘り強く取り組まなくてはならない。発表時に十分な暗唱ができていなかった生徒は、放課後や昼休みにやり直しを行う。これにもエネルギーを要するが、粘り強く全員にやらせ切ることで"生徒一人一人が達成感を感じられる"ということを大切にして指導している。

（小山謙介）

8−3 「Our School Lives」
──「〜ing」形を使って自分の動作を表現する

（普通科2年生 SBコース）

本課題は2013年度普通科2年生SBコースで行ったものである。SBコースは、一人一人の生徒に目が行き届きやすくなるよう、2クラスを3講座に分け、リーディング（現：コミュニケーション英語）3単位と並行して、ライティング（現：英語表現）2単位を設定している。リーディングの授業と同様にライティングでも教科書をワークシート化して、英作文演習を中心として1学期は時制、2学期は動名詞と不定詞、3学期は分詞を中心に学習してきていた。このパフォーマンス課題は3学期に「分詞」単元のまとめとして実施した。

●単元：「分詞」

> **パフォーマンス課題**
> 「ここにみなさんの学校生活を撮った写真があります。自分の好きな写真を選んで、その中に写っている人が何をしているのかを、学習した『現在進行形』や『受動態』を使って表現してください」

●ねらい：英語の「現在分詞」と「過去分詞」は、もともと英語が苦手な生徒にとっては身につけるまでの労苦が多い。そこで、これらを使って自分たちの様子を表現することを通じて、「現在分詞」と「過去分詞」を使うことへの習熟を深めることがこのパフォーマンス課題の目的であった。

まず担当教員が休み時間・昼休み・放課後にホームルーム教室をはじめとして校舎内を歩いて、生徒たちの普段の姿（「友だちとお弁当を食べている」「５人でゲームをしている」「ストーブのそばで話している」など）を写真におさめた。80名の生徒数を上回る数の写真を撮り、Ａ３の用紙１枚に写真１枚＋説明欄を載せたシートを100枚程度作成した。それを授業に持ち込んで床に並べ、「ここにみなさんの様子を撮った写真があります。自分の気に入ったシートを選んで、説明欄に『誰が』『何をしている』のか、あるいは『されている』のかを英語で説明文を書いてください。一人１枚に責任を持って発表していただきますが、作業はグループを組んでもよいし、一人でやってもかまいません」と指示した。生徒たちは楽しそうに写真に群らがってワイワイ言いながら写真シートを選び、机を合わせて作業を始める人たちもいれば、一人で行うキャプション作成に没頭する生徒もいた。

　本課題の所要時間は２時間 ── 写真を選び、キャプションを作成するのに１時間、クラスの前で写真を見せながら一人ずつ発表するのに１時間を充てた。評価基準はごく単純で、「説明に少なくとも五つの英文が使われている。その中の述語動詞に進行形あるいは受動態が含まれている」ことを必須条件とした。教員は、生徒の集中が途切れないように、生徒が使用すると予想される単語（日英）を表にして配布し、キャプション作成を援助した。

　生徒の取り組み状況は非常に良好で、みな前向きに取り組んでいた。生徒たちは自分たちが写っている写真を見てワイワイと感想などを述べながら、それを英語で表現できそうでできないもどかしさを感じていたようである。「ストーブって英語でなんていうの？」「“〜のそばに”は？」などお互い相談し合い、辞書を使いながら、授業で習ったことを思い出して作業を進めていた。生徒にとっては決して簡単な作業ではなかったように見えるが、授業で学習した「現在分詞」を使って「笑っている女の子たち」のかたまりを主語にして書いたり、「過去分詞」を使って「先生によって撮られた写真」を英語で表現したり、試行錯誤しながらも私たちの予想を超えた作品が生まれていた。「ボクは英語できない」と口癖のように言

っていたAくんの作品を紹介したい。彼はグループではなく一人で取り組むことを選んでいた —— "My girlfriend and I are eating lunch together. We have a good time. She is nice." 写真を持ってこのように語ったAくんはとても嬉しそうだった。　　　　　　　　　　　　（細野　慶・田中容子）

8-4　「名演説を群読する1」
—— 他の生徒と協力して発表を作りあげる　（普通科1年生 SBコース）

　本校では2013年度から1、2年生の普通科SBコースを対象に、レシテーション（暗唱・朗読）を行っている。普通科SAコース、普通科中高一貫コース、京都国際科の生徒たちがスピーチに取り組む一方で、SBコースの生徒にも同様の経験をさせ、英語力の向上を図ることを目的とした取り組みである。心に残る演説を用いたパフォーマンス課題を行うことで、さらに生徒の意欲を喚起したいと考えたのである。

　1年生は "Severn Suzuki's Speech" の一部を暗唱し、3～4人のグループで群読する。このスピーチはカナダ人の12歳の少女によって1992年のリオデジャネイロの環境サミットにて行われたもので、子どもの視点から地球規模の貧困問題や平和を考え、大人に訴えかける内容である。英文の難易度は2年生の "The Great Dictator"（「独裁者」）よりもやさしく、高校入門期に適している。また内容も生徒と同じ10代の子どもの演説であり共感しやすいと考えたため、1年生の題材として取り上げた。

　この課題では、生徒たちが英語特有の発音や話し手の感情を理解し表現できるようになることをねらいとした。また生徒の心に残るような普遍的な価値のある英文を選ぶことで、パフォーマンス課題へ取り組む意欲を育てることを目指した。

　単元構成は次の通りである。

①演説の内容に関して、ワークシートを用い内容理解を図る。
②DVD教材「12歳の少女 セバン・スズキの『伝説のスピーチ』」（新英研関西ブロック映像・音声開発委員会）

③3〜4人編成で群読を行うグループを作り、演説（約350語）の群読のしかたを考える。群読の利点を生かし、読む人数や箇所の区切り方、ジェスチャーなど感情豊かにメッセージを伝えるためのより効果的な読み方を工夫する。

④個人で対訳シートなどを利用して読み練習や暗唱を行ったあと、グループ練習およびリハーサルを行う。

⑤群読発表を各講座で行う。（SBコース2クラスを3講座展開）

⑥1、2年生合同で代表の発表を行う。（各講座の代表である合計6グループが発表を行う）

また、**表3−7**のルーブリックを用いて、パフォーマンスの評価を行っている。生徒にルーブリックを事前に示して、具体的な目標を持たせてから活動にのぞませている。

SBコースの生徒たちは英語に苦手意識を持っている生徒がとても多い。この活動について説明した際、多くの生徒は分量の多い英語を暗唱できるのか、人前でうまく発表ができるのかというような不安を示していた。しかし、実際に精読を始め、グループごとに練習を開始すると生徒たちは、「ここは全員で読んで力強さを出そう！」「ここは手を使ったジェスチャーを加えて見ている人に訴えかけへん？」というようにグループでそれぞれの工夫を加え、発表に向けて積極的に準備をするようになった。

ある男子生徒の例はレシテーション活動の効果が顕著に表れている。

表3−7."Severn Suzuki's Speech"のルーブリック

	グループ貢献・協力度	声の大きさ	発音	表現
5	全員が協力して取り組めるように、積極的に関わり、発表している。発表準備が整っている。	とても大きな声で聞きやすい。	ほぼ間違いなし。下の発音が可能な限り間違いなく発音できている。r, l, th, s, sh, b, v,	心情を理解し、感情が込められている。登場人物になりきって発表している。
3	自分のところだけがんばれている。発表準備が不十分。	ところどころ聞き取りにくいところがある。	カタカナ読みであるが、正確である。	あまり感情が込められておらず、登場人物になりきれていない。
1	全く協力できていない。発表準備ができていない。	発表の大半が聞きとりにくい。	英語らしい発音ができておらず、理解することが難しい。	棒読みで、感情が全く込められていない。話し手がどんな気持ちなのかが伝わってこない。

彼は入学当初から声も小さく内気な性格であったが、"Severn Suzuki's Speech" の中で反戦を訴える重要な部分を担当することになった。彼は他のメンバーのアドバイスを参考に、本番では大きな身振りと声で発表することができた。他の生徒も彼の発表に驚き、彼に「やるやん」と声をかけていた。その男子生徒の発表後の表情はとても明るかった。また発表後に行ったアンケート結果では「グループで協力してやれて楽しかった」「暗唱するのは大変だったけど本番で自分のところはしっかり暗唱できてうれしかった」という肯定的な意見が多く、大部分の生徒が取り組みに達成感を感じていることがわかった。群読という形式により、他の生徒と協力して発表を作り上げる過程を楽しむことができていたようだ。

　一方、レシテーション指導には課題もある。生徒の中には、英文を正しく暗記し間違えずに発表することを最終的な目標としている者も少なくない。そのため、事後のアンケートには「日本語で発表するのと同じように、強調したい部分の言い方を変えたり、工夫したりすることの難しさを知った」と話し手の気持ちを理解し、聞き手に伝わる工夫の難しさ、大切さを感じる生徒もいた。今後はより多くの生徒が英文の内容をより深く学び、自分が感じた内容を発表時に表現できるような指導の工夫が求められる。

（山本茉莉・坪田理紗）

8−5　「名演説を群読する2」
――グループのメンバーと一緒に意欲的に学ぶ

（普通科2年生 SBコース）

　2013年度より始まったレシテーションで、その年の2年生は、東京オリンピック最終プレゼンテーションで行われた佐藤真海さんのスピーチを題材として取り上げた。これを題材に選んだ理由は、取り組み時期が東京オリンピック開催決定直後であり、彼女の感動的なスピーチが日本で話題になったことによる。その次の年度からは2年続けて「独裁者」"The Final Speech of the Great Dictator" の群読に取り組んでいる。この演説には平和へのメッセージが込められており、生徒が暗唱しようと思える価値ある演説教材であると考える。

この単元の構成は、「名演説を群読する1」で述べられた1年生のものとほぼ同様である（"The Concluding Speech of The Great Dictator"：新英研関西ブロック映像・音声開発委員会使用）。

　パフォーマンスの評価は、**表3-8**のルーブリックを用いて行っている。ルーブリックに関しては事前に生徒に示し、具体的なビジョンを伴う目標を持たせている。

　群読に取り組む中で英語学習にとても積極的になったDさんの例を紹介したい。Dさんは、人前で発表するのが少し苦手な生徒であった。群読を成功させるには、発表に向けてグループ内で協力することが不可欠である。Dさんは、グループとしてより効果的な演説を行う方法についての話し合いや群読の練習に積極的に参加し、大きな声で感情豊かに演説を行った。講座代表にも選ばれ、授業の合間をぬって朝一番や放課後にも練習を重ねた。そして見事レシテーションの発表会でも第1位の成績を収めた。

表3-8. 「独裁者」結びの演説のルーブリック

Rubric for the Recitation "Great Dictator"　　　　　　　Number　　　　　Name

	内容理解・表情 Understanding　Delivery	英語 English	協力度 Attitue for corporation
5	内容を理解して、表情豊かにスピーチしている。 内容がしっかりと聴き手の心に届いている。 Very good delivery. Very expressive. Showing good understanding of the contents. Good voice. Full eyecontact.	子音の発音がすべて英語らしくできている。 Perfect sound of every consonant.	グループ内の一員としておおいに力を発揮している。 Working together with other members of the group and produce some good effects.
4	内容を理解して、表情豊かにスピーチしている。 しっかり聞こえる声である。 Good delivery. Expressive. Showing good understanding of the contents. Good voice. Good eyecontact.	子音の発音がほぼ英語らしくできている。 Good sound of every consonant. Showing some effort.	グループ内の一員として力を発揮している。 Trying to work together with other members of the group.
3	内容をほぼ理解してスピーチしていることが感じられる。 Showing almost satisfied understanding of the contents. Good voice.	子音の発音が半分くらい英語らしくできている。 Good sound of almost half of the consonants.	グループ内の一員として自分のところだけ頑張れている。 Making effort as an individual.
2	棒読みである。 Reading in a singsong manner.	カタカナ読みであるが正確である。 KATAKANA sound but make sense.	グループの足を引っ張っている。 Holding back the other members.
1	いやいや読んでいるように聞こえる。 Reading Reluctantly.	子音の発音に間違いがある。 Having a lot of mistakes.	協力の姿勢を示さない。 Don't work.
weight	×12=	×4=	×4=
			Total　　　　　／100

　生徒たちは群読を通した「英語での表現」に対して達成感を得ている。英語が比較的苦手な生徒においても、群読という助けもあって、同じグループのメンバーと一緒に頑張り、楽しく意欲的に学んでいる。自らの英語学習に対する成長を実感しているようである。　　　　　　（永井妙子）

8−6　「私が紹介したい名画」
──コミュニケーションを生み出す　　　(普通科2年生 中高一貫コース)

　ここで紹介するのは、普通科中高一貫コース2年の2学期に実施したパフォーマンス課題である。この取り組み以前に、生徒はコミュニケーション英語Ⅱの授業で芸術作品を紹介する課題文を読み、わかりやすい表現で客観的に事物を説明する文章に接している。また、高校入学時より様々な物事を英語で紹介するパフォーマンス課題や、自分の考えを発表するスピーチに取り組んでおり、少しずつ表現の幅も広がっている。

●パフォーマンス課題

> 　自分の好きな絵画などの芸術作品を一つ選び、クラスメイトにその作品を英語で紹介してください。その作品の主題、作者や制作された時代などの基本的な情報だけでなく、聞いている人がその作品をさらに楽しめるような話・説明も入れてください。

　単元目標と単元計画は、以下の通りである。

> （1）単元目標：客観的事実や事物の説明に適した表現形式がわかる。また、作品に対する自分の感想を適切に表現できる。
> （2）単元計画（準備4時間、発表1時間）
> 　　1時間目：名画と作者および作品名を結びつけるクイズに答える。
> 　　2時間目：各自紹介したい作品を決定し、書籍やインターネットで必要な情報を入手する。
> 　　3時間目：必要な基本情報とどうしても伝えたい内容を選び、原稿を作成する。
> 　　4時間目：作成した原稿を用いて、発表練習を行う。原稿は希望すれば教員が点検をする。発表練習では一度は教員が音声面での指導を行う。
> 　　5時間目：約20名の講座に分かれ、発表を行う。

ルーブリックは、**表3-9**の通りである。

　生徒たちはこの活動までに様々なパフォーマンス課題に取り組んでいる。1、2年の2学期にはスピーチを作成し、発表に慣れた生徒も多い。発表までの時間は短いが、よくまとまった内容で発表原稿を作成できるのも、ここまでの取り組みによるところが大きい。

　生徒はそれぞれの視点で作品を選び、そこに個性が現れる。自分で選ぶことにより、こだわりが生まれ、説明内容を考えるにも自然と力が入る。また、どこかで見たことがある作品であっても、制作の背景や作者について、また作品誕生の背景など知らなかった情報も出てくるので、聞き手も興味を持てる活動である。原稿作成の段階では苦労もあるが、多くの生徒が楽しんでいる。それは、自分の好きな作品について知ってもらいたい、

表3-9.「私が紹介したい名画」のルーブリック

	発表	音声	内容
5	・聞き手の方をしっかり見ている。 ・反応を見て話すスピードを調整できる。 ・スライドを効果的に使っている。 ・自然な身振りで発表ができている。 ・明瞭な声で聞き取りやすい。	・無理のないスピードで、つまることなく読める。 ・th, s, b, v, h, f などの子音を正しく発音している。 ・適切なイントネーションで話せている。	・作品についての基本的な情報がわかりやすく整理されている。 ・作品について印象的な付加情報が盛り込まれている。 ・感想がしっかりと述べられている。 ・聞き手にわかりやすい語句や表現を選んでいる。 ・when / if / because / that などの接続詞を効果的に使い、まとまりのある内容になっている。
3	・下は向いていないが、聞き手を見るゆとりはない。 ・不自然な間があくことがたびたびある。 ・棒立ちになっているか必要以上に力が抜けている。 ・聞き取れる声量である。	・少し早口で、聞き取りにくい。 ・子音や母音を使い分けようとしているが、うまく発音できていないものがやや多い。 ・英語らしいイントネーションで読もうとしていることがわかる。	・作品についての基本的な情報が含まれているが、うまく整理されていない。 ・作品についての付加情報が少し入っている。 ・感想が数語で述べられている。 ・理解するのが難しい表現や不自然な表現が何度か出てくる。 ・接続詞を使っているが、誤りが多い。
1	・つねに下や不自然な方向を向いている。 ・内容を思い出せず、最後まで発表できない。 ・やる気の感じられない姿勢である。 ・声が小さく聞き取りにくい。	・かなり早口になり、ほとんど聞き取れない。 ・カタカナ読み、ローマ字読みで、英語のように聞こえない。 ・単調な読み方である。またはかなり不自然な抑揚がついている。	・作品についての基本的な情報がほとんど含まれていない。 ・作品についての付加情報がほとんどない。 ・感想が述べられていない。 ・英語の誤りが多く、理解するのが非常に難しい。 ・単文しか使われていない。

同級生の好きな作品について知りたいという、本当の意味でのコミュニケーションが生まれているからだと言えるだろう。

　2年の2学期後半の課題なので、原稿はほぼ自力で完成させている。これまでに習ってきた受動態、時を表す表現、接続詞などを正しく使って表現することを求めており、原稿作成を通してこれら基本事項の定着が進むと感じている。発表内容にもそれぞれに工夫を凝らし、作品を紹介するという柱は共通しつつ視点や内容に生徒の個性が見られるので、指導する教員も楽しんでいる。高校入学時より、繰り返しパフォーマンス課題に取り組むことで、漆塗りのように少しずつ上手になる発音や発表態度、豊かになる英語表現を実感できる取り組みである。　　　　　　　　（光木　宏）

8-7　「スピーチを作る」
──考え、自分の考えをまとめ、発表する

（普通科1、2年 SAコース、中高一貫コース、京都国際科1、2年）

　毎年秋に、校内スピーチコンテストを実施している。対象のクラスは、1、2年生のSAコース、中高一貫コース、京都国際科の3クラスである。校内スピーチコンテストでの上位2名は、11月に行われる京都府のスピーチコンテストに出場する。

　校内スピーチコンテストに向けての指導のスケジュールは次の通りである。5月中旬から6月にかけて、第一原稿を作成する。原稿は1年生で350〜400語程度、2年生で500語程度である。第一原稿の推敲を経て、7月に第二原稿を完成させる。8月下旬から9月上旬にかけて最終原稿をタイピングして提出する。9月中旬に発音、イントネーション、ジェスチャー、表現方法を学び、暗唱して発表できるようにする。9月下旬にクラス内スピーチコンテストを開き上位3名を決定する。10月上旬、各クラス上位3名が校内スピーチコンテストに出場する。

　スピーチコンテストに向けては長期間、生徒も担当教員も相当なエネルギーを費やす。その過程で生徒は既習事項を活用させ、考え、学習を深める。また英語を学ぶということだけではなく、自己の発見や成長につなげていく。

1年生のEくんは、英語は得意ではなく、むしろ苦手な方であった。350〜400語程度のエッセイを書くということは、彼にとっては気の重い作業であったに違いない。取り組みの最初の授業でエッセイのテーマを生徒それぞれが決めていく際に、教員は「みなと同じテーマ」を選ぶのではなく、自分の言葉で書くことができる自分独自のテーマを設定するように指導する。Eくんは、自身にとって大変興味のあるサブカルチャーについて書くことに決めた。

　原稿を書き出すにあたり、Eくんのみならず生徒がぶつかる壁は、エッセイとはどのように書くものなのかということであった。原稿作成にあたっては、優れたエッセイの特徴分析を行い、エッセイの段落構成のあり方をALTと共に学んだ。Eくんは英文を思いつくまま書くのではなく、学んだ段落構成に沿って、イントロダクション、メインポイント1、2、3、コンクルージョンと大きな流れの中でどのように内容を組み立てていくかを考えながら、ALTや英語担当教員（以下JTE）の助言のもとに、一歩一歩原稿を作成していった。その中でAくんは、ただ指示されたまま英文を書くのではなく、エッセイの中でどのようなメッセージを他の生徒に伝えたいのかということを意識して書くようになった。あまり知られていないサブカルチャーの魅力を他の生徒に伝えたいという想いで、原稿を仕上げていった。

　英語が得意でない彼は、何度も文法的な間違いでALTやJTEから訂正の指示を受けた。そのたびに自分の伝えたいメッセージについて、JTEに細かく説明した。英文はそのやりとりの中で何度も書き直された。最終原稿の暗唱も彼にとってはやさしいことではなかった。また、人前で話すということも大の苦手であった。ただ、自分の好きなことについて話すということは大きな動機になったのだろう。クラス発表では少し顔を赤らめながらも、最後まで伝えることができた。そして彼の発表は、そのメッセージの特有さとおもしろさで多くのクラスメイトの支持を得ることになった。Eくんはクラス代表の一人に選ばれたが、まさか自分が選ばれるとは思わなかったと後で述べている。

　このスピーチコンテストは、すべての生徒が全力で取り組み、英語の上手

な生徒だけが活躍するといったような場にはならない。教員が一人一人を丁寧に指導し、各生徒が持つ最大限の力を引き出す努力をする。また苦労を経てコンテストに出場する生徒たちに対して、ある種尊敬の念のようなものをコンテストで聴く側の生徒たちは持ち、発表者を応援する気持ちがコンテスト時には育まれていたように思う。スピーチコンテストは、スピーチコンテストで勝ち抜いた生徒たちだけでなく、それを応援する生徒たちも一つの壁を越えた充実感を味わう取り組みになっている。　　　　（渡邊康子）

Eくんのスピーチ原稿

Subcultures & The General Public

Today I will make a speech about subcultures. I hope when you hear my speech you will understand it more. Please try and understand. Although I may become severe I want you to know more about subcultures.

What kind of things do you know about subcultures? A subculture means a culture that is different to the main culture or mainstream. It happens when people come together who don't fit in the mainstream. They often come together to be different : specifically people who are interested in comics, animation, light novels, young people's fashion and popular music. For instance, Momokuro, VOCALOID, Attack on Titan, and Prisma Illya are all different parts of youth culture.

I would like to talk about how subcultures exist in the world and exist with the mainstream culture. Overseas, Japanese comics and anime events are held. The people who go to these events want to be inside the Japanese subculture. However, even if some subcultures are popular overseas, they may not be so popular right now in Japan. This is because some subcultures in Japan are considered to be negative. There is prejudice against people who have different ideas. This is because people see difference as wrong. For this reason they fail to see the positive parts of it. The second reason is that it is normal human psychology for people who feel the same way to unite together. It is natural to want to unite so that your group members can feel safe. If many people feel subcultures are safe, the subcultures can be a part of society without being held down.

Is it alright to be prejudiced against a minority if they aren't hurting others? I don't think so. I hope that by listening to this speech you come to see things from a different angle and will not be prejudiced against subcultures. I am pleased if my talk is understandable and acceptable.

This is the end of my speech. Thank you very much

『314words』

8−8 「小学生の英語活動に参加する」
── 「表現したい」と思う環境を   （京都国際科 2 年生）

1．実践の経緯

2011年度の小学校外国語活動の必修化を前に、地元である京都府南丹市のほとんどの小学校で英語学習が先行実施される中、「南丹地区幼稚園・小学校・中学校・高等学校連絡協議会」の「外国語活動パートナースクール事業」が2009年度より、南丹市教育委員会が中心となって始まった。

初年度は本校京都国際科と南丹市立摩気小学校、胡麻郷小学校がパートナースクールに指定され、小学生は「南丹市教育委員会が行う小学校外国語活動で学んだことを、高校生を相手にその活用を図る場面を多く取り入れること」を目的に、高校生は「専門学科での英語、国際理解及びキャリア教育の視点から、自ら学んだ知識やコミュニケーション能力を最大限に発揮するとともに社会に貢献する態度を育むこと」を目的に「英語による自己紹介」や「国紹介」、そして「ジャズチャンツを用いた外国語活動」を行った。

それ以降は、管内2〜3の小学校と年2回の交流授業を行い、1回目は本校生徒（京都国際科2年生30名）が小学校を訪問して、英語による自己紹介などを通じて互いのことを英語で伝え合い、2回目は小学生（5、6年生）が本校を訪れ、将来の夢について英語で発表するという形で実施されるようになった。

今年度で7年目を迎えたこの取り組みは、小学生にとって日頃の外国語活動で身につけた力を試す最良の機会となるだけでなく、高校生にとっても京都国際科で学んできたことを活かすと同時に「教える側」に立って多くを学ぶ機会となり、双方にとって有意義な時間となっている。

2．交流授業までの手順

この交流授業を実施する準備として、次のような活動に取り組んだ。

（1）実施要項およびこの活動を紹介するTV番組『旬感きょうと府』を見て、この取り組みの内容や目的の理解を図る。

（2）小学生と英語で交流する際に必要となる以下の二つの手法について、京都国際科専門科目の一つ「スピーチ」の中で練習を重ねる（小学生対象であることを意識させる）。

① Follow-up Questions

――与えられたテーマについて、各ペアの一人が与えられた時間内ずっと会話が続くように、相手から何かを引き出す質問を行う。

例）テーマ『Sports』
A: What sports do you like? → B: I like soccer.
A: Do you play soccer? → B: Yes, I do.
A: Which soccer team in Japan do you like? → B: I like Gamba Osaka.
A: Who is the soccer player you like? → B: I like Yasuhito Endo.

② Echoing

――Follow-up Questionsによって相手が答えた内容を気持ちを込めて復唱する。そのことで相手（小学生）は自分の英語が伝わったことを実感できる。

例）テーマ『Food』
A: What food do you like? → B: I like sushi.
A: Oh, you like sushi! Me, too! Which sushi-restaurant do you like?
　 → B: I like Kura-Zushi Restaurant.
A: Kura-Zushi Restaurant! It's a great restaurant. I often go there, too.
　 How often do you go to the restaurant?
　 → B:About once a week.

（3）授業のリハーサルを行う。

①ファシリテーター（2名）を決定して1時間の授業の流れを確認する。
②高校生が2〜3名のグループに分かれて、各グループで自己紹介に役立つ表現（テーマ）を決定して、どのようにそれを小学生に教えるかを考える。

例）「誕生日」「趣味」「好きな〜（My favorite 〜 is…）」など

③それぞれのグループが小学生役、そして高校生役になり交流活動を行い、フィードバックを行う。
④各自が小学生に行う「自己紹介」や「夢宣言」を作成する。

3. 評価

　小学生との交流授業の後、**表3−10**のルーブリックを用いて、ALTと共に評価を行っている。ルーブリックに関しては事前に生徒に示し、具体的なビジョンを伴う目標を持たせている。

4．まとめ

　今年で７年目を迎えるこの活動は、小学生にとって日頃の外国語活動で学んだことを高校生相手に試す良い機会になるだけでなく、高校生にとっても小学生に対して英語でどのようにコミュニケーションをとるか、小学生が英語で自分のことを表現したいと思うような環境をどのようにして作り出すかを考えるなど、京都国際科で培ってきた力を最大限活かすことができる場になっている。各交流授業の最後に、小学生が元気よく自分の想いを英語で発表をしたり、充実した時間を過ごせたという感想を述べるのを聞いた時には、高校生自身が達成感を感じているようである。そして、何より小学生が一生懸命、そして純粋に英語で自分のことを伝えようとする姿から、改めて日頃の学びの中で大切にしなければならないことを再認識しているようである。

（廣瀬　格）

表3－10. Follow-up Questionsのルーブリック

	Content	English	Pronunciation & Intonation	Attitude
5	Questions are thoughtful and relevant to previous answers.	No grammar mistakes at all. Fluent with no awkward pauses.	Excellent pronunciation and intonation.	Good eye contact. Speaks loudly and clearly. Tries his/her best to engage in conversation.
4	Most questions are relevant to the previous answers but one or two questions seem odd.	Grammar mistakes are Less than 5. Generally fluent but may have 1 or 2 awkward pauses.	Less than 5 mistakes in pronunciation and intonation.	Some eye contact. Speaks loudly and clearly.
3	Asks enough questions but most questions are not relevant to the previous answers.	Grammar mistakes are Less than 10. Several awkward pauses.	Less than 10 mistakes in pronunciation and intonation.	Some eye contact. Sometimes difficult to hear.
2	Only manages to ask 3 to 5 simple questions.	Grammar mistakes are between 11 and 15. Pauses for a long time after each question.	Between 10 and 15 mistakes in pronunciation and intonation.	A little eye contact. Tries to engage in conversation but voice is too soft to be heard.
1	Only manages to ask 1 or 2 simple questions.	Grammar mistakes are more than 16. Many awkward pauses during and after each question.	More than 15 mistakes in pronunciation and intonation.	No eye contact. Makes little effort to engage in conversation.

第**4**章
生徒が主体的に研究に取り組むために
── 理科の取り組み

▌理科課題研究の導入 ─大学の研究に学ぶ─

　変化の激しい社会の中で、協働して課題を解決しようとする力や、新しい価値を創造する力が求められている。これらの力の基礎になっているものの一つに「科学的に探究する能力と態度」が挙げられる。

　「科学的に探究する能力と態度」を育成するためには、生徒を主体的に探究に参加させる「仕組み」が重要である。本校理科教員は、様々な方法で、その「仕組み」を構築している。

　本章では、まず、大学と連携して探究を深める「理科課題研究」を紹介する。次に、実験などの探究活動の時間を確保するために「反転授業」を取り入れた実践を取り上げた。最後に高等学校の教科書に即した内容で、少しのアレンジで実践できるパフォーマンス課題について報告する。それぞれの報告では、生徒の活動の様子や評価についても記載する。

1. 理科課題研究
—「正解」があるかどうかわからないものを追究する

(1) 理科課題研究

　本校理科では2004年度から、普通科Ⅱ類の生徒を対象に理科の「課題研究（探究活動）」を授業内に計画し、指導してきた（第2章の研修旅行を柱とした課題研究と区別するため、「理科課題研究」とする）。これは、生徒が自然科学分野について科学的に研究する方法を修得し、研究結果を文章にまとめ、校内発表会や外部の研究発表会などで研究成果を発表する取り組みである。

　当初は生徒の興味関心に応じて自由に研究テーマを設定させていたが、研究の継続性や深化、教員の指導力の問題から、研究テーマをいくつかに絞って選ばせるようになった。そして、2010年度から文部科学省主催の「サイエンスパートナーシッププロジェクト（SPP)」に、さらに2015年度からは「中高生のための科学研究実践活動推進プログラム」に採択され、中高一貫コースの生徒を対象に理科課題研究を行っている。これらのプログラムに採択され研究に関わる経費の補助を受けられるようになり、研究計画の作成から発表に至るまで、生徒が連携大学の研究等指導者（以下、研究者）（表4−1）から直接指導を受けることができるようになった。

表4−1．2016年度の連携大学と研究者

科目（分野）	連携大学と研究者	
物理分野	京都大学大学院理学研究科　教授	吉村一良 氏
化学分野	京都学園大学バイオ環境学部　准教授	清水伸泰 氏
生物分野	京都工芸繊維大学工芸科学部　教授	半場祐子 氏
地学分野	京都教育大学教育学部　教授	田中里志 氏

(2) 理科課題研究の流れ

　理科課題研究は1年「化学基礎」の中で7月〜12月まで取り組み、1月の最終発表会において発表する。以下に流れを示す。

①ウォーミングアップ実験に取り組む。5種類の白い粉末の同定実験という簡単な実験を通して、基礎的な知識の情報収集、仮説の設定、仮説を実証する実験の計画、結果の予測、結果の記録、結果のまとめ方と考察、レポートの作成方法を学ぶ。（7月〜8月）

②昨年度の理科課題研究報告書を読むことにより、研究の概要と課題を知る。さらに昨年度研究に取り組んだ生徒から直接説明を聞く。

③四つの分野（物理・化学・生物・地学）の研究に関わる基礎知識や最新の知見、研究方法について、連携大学の研究者から講義を受ける。（9月）

④四つの分野から一つの分野を選択して、研究テーマを設定する。

⑤研究テーマについて、研究スタートワークシートに沿って具体的な研究内容（仮説）と研究計画を設定する。（10月）

⑥計画に沿って研究を進める。指導教員や連携大学の研究者からアドバイスを得ながら、場合によっては研究計画を修正しながら研究を進める。（10月〜12月）

⑦中間発表をする。それまでの研究結果をまとめ、仮説に照らし合わせながら中間報告を行う。（12月）

⑧中間発表でのアドバイスや指導を受けて、必要なら追実験や調査を行う。（12月〜1月）

⑨報告書を作成し、提出する。（1月）

⑩最終発表会で研究成果を発表する。（1月）

⑪最終発表会で評価が最も高いグループは本校主催の実践発表会で発表する。（2月）

（3）評価

①ウォーミングアップ実験の評価

提出させた実験レポートを、「レポート評価基準」に沿って評価する。各項目について基準を満たしているかどうか確認し、総合点で評価している。評価方法については実験に取り組む前に生徒に提示し、説明している。レポートにより、実験に必要な知識の収集から考察まで、その丁寧さや的確性、表現力などを見ることができる。

②理科課題研究の評価

　最終発表会におけるチェックリスト（一部抜粋）を**表4-2**に示す。発表会では、生徒同士、本校教員、連携大学の研究者が同じチェックリストをもとに評価を行っている。チェックリストを用いたことで、生徒が意識して発表の準備をするようになるとともに、評価が容易になり、生徒・教員間の評価のばらつきが少なくなった。理科課題研究の研究計画作成から研究への取り組み段階における評価では、チェックリストを作成せず、指導教員が生徒の様子を観察・評価し、教科会において他の教員と共有している。

（4）生徒の姿

①「超伝導物質の合成」グループでの生徒の取り組み

　理科課題研究の取り組みは高校1年で行うが、興味関心によっては未だ履修していない物理分野に近いテーマを選ぶ。以下は、「超伝導物質の合成」という難しいテーマを選んだ生徒たちの取り組みである。

　電気抵抗が極低温で0になる物質を超伝導物質という。現象のわかりやすさに比べ、超伝導のメカニズムや合成条件の管理は難しく、本校で初めてこのテーマを選んだ生徒たち（6人中5人は文系志望）は手探りで情報を集め始めた。ある生徒は超伝導の入門書から丁寧に読み、インターネットを駆使して超伝導に関わる記事を集めた。ある生徒は超伝導物質合成作業の計画を中心となって作成した。超伝導物質の合成には3〜4日間を要する。さらにこの年が本校最初の超伝導合成実験だったため、一つ一つの作業にどのくらい時間が必要となるのか手探りの状態であった。そうした中、グループのメンバーで上手に役割分担をし、授業開始前や途中の休み時間なども使って作業を進めた。初めての挑戦であったが、合成した物質すべてが超伝導状態になった。そして、連携大学の研究者からアドバイスを得ながら得られたデータを分析し、自分たちなりに考察を進めることができた。発表においても自分たちの言葉で超伝導現象について説明することができた。超伝導現象の原理をきちんと理解できたわけではないが、自分たちなりに自ら理解するための努力を重ねた。このグループが作成した合成計画や報告書はその後の超伝導グループの基礎となっている。

表4-2．発表会におけるチェックリスト（一部抜粋）

評価項目	1	2	3	4	5	6
時間配分	短時間に終わってしまった。大幅に時間オーバーした。	終了時間を少しオーバーした。	時間内に終わった。	目的、結果、考察などの時間配分が適切であった。		
声の大きさ、明確さ	静かにしていれば聞こえる。	教室の後ろまではっきり聞こえる。	ゆっくりわかりやすく話している。			
視線の方向（アイコンタクト）	ずっと手元の資料ばかり見ていた。	時々、視聴者の方に向けて話をすることができた。	常に視聴者の方向を見て話をすることができた。			
応答	質問に対して答えることが全くできなかった。	質問内容は理解できていた。	質問内容に対応した返答を一部することができた。	質問内容に対応した返答を的確にすることができた。		
目的	目的の発表がなかった。	目的を伝えることができていた。	明確な目的があり、それがはっきりわかる発表だった。			
準備・実験方法について	準備物、研究方法が発表されなかった。	準備物、研究方法を伝えられた。	準備物や研究方法について、図などを用いて発表した。	準備物や研究方法について、図などを用いてわかりやすく発表した。		
結果	結果がなかった。	数値などで結果を表現していた。	図や表を用いて結果を表していた。	わかりやすい図や表を用いて結果を表していた。	わかりやすい図や表を用いて、目的に即した結果を明確に表していた。	
考察	考察がなかった。	結果ごとに考察があった。	結果の原因に関する考察があった。	複数の結果から傾向、法則性など見出す考察があった。	複数の結果に対して、傾向や法則性を見出す考察を行った上に、違う視点からも考察をすすめていた。	複数の結果の考察から、さらに新たな事象、現象へ考察を深められていた。
ことばの表現	専門用語に関する説明がなかった。	専門用語に関する説明があった。	専門用語に関するわかりやすい説明があった。あるいは専門用語を使わずに表現していた。			
参考文献	引用したデータや文章の元の文献に関する記述がない。	一部、引用したデータや文章の元の文献に関する記述がない。	引用したデータや文章の元の文献に関する記述がある。			
結論	今回の研究についての結論があいまいであった。	今回の研究について、自分たちの考察を元に結論が示されていた。	今回の研究について、自分たちの考察を元に結論を示し、今後の方向性が示されていた。	今回の研究について、自分たちの考察を元に結論を示し、今後の実験計画と予想される実験結果が示されていた。		

ある年の超伝導グループの生徒は報告書を作成する段階になって、「ようやく内容がよくわかってきて楽しくなってきた。もう終わってしまうことが残念」と言っていた。

② 「無重力状態での物理現象」グループ

　自由に研究テーマを設定している頃、無重力状態での物理現象を確認したいと文系の女子3人が実験に取り組んだ。自由落下すら学んでいない3人だったが、教科書や様々な資料から、落下する箱の中で無重力状態を観察できることを知り、実験装置を製作した。

　ろうそくの炎の形が無重力状態では丸くなることの確認を目標に試行錯誤を繰り返した。箱の中に設置したビデオカメラに丸くなったろうそくの炎が撮影できた時は飛び上がって喜び、この感動を是非クラスのみんなに伝えたいと発表会で披露した。

（5）取り組みの成果

　この理科課題研究では、クラス全体で理科の研究に取り組むため、文系理系関係なく様々なテーマに挑戦する。理系分野を苦手とする生徒が自然現象や技術に対してブラックボックスのままの状態で理解しようとしない傾向がある中で、この取り組みを通して見えない現象を理解する方法が少し身についたのではないかと思う。その気になれば理解できたり、自分たちで検証することができたりする経験は、その後の人生においてもわからないことに直面した時に解決する力になると考えている。もちろん、グループ内でいろいろな生徒が互いに得意分野を生かして補い合い、サポートし合い、グループ全体で一つの目標を達成することの経験も生徒たちにとって大きな財産となる。

　普段の授業では見ることができない生徒の姿を、理科課題研究の取り組みの中で発見することも少なくない。地学分野のあるグループでは、水を抜いた池のボーリング調査において、率先して泥の中まで試料採取に行った生徒がいた。その生徒は、授業での発言は少なくないが、自ら体を動かして行動する方ではなかった。ましてや、敬遠されがちな泥沼の中へ積極的に入って行くとは予想もしなかった。

　また、グループの取り組みの中でリーダーシップをとることができる生徒、実験操作や記録などを非常に丁寧にする生徒、口頭による説明を非常に速く理解する生徒、理解は遅いがいくつかの要因を統合して考えることができる生徒など、生徒の新たな面を発見するとともに、理科課題研究は、主体的に取り組む態度を育てることができる取り組みであることを実感した。この評価を生徒にフィードバックすることができれば、さらに生徒たちは自信を持って行動することができるようになるであろう。

(6) 研究の現実に直面して

　2015年度は、超伝導グループの一つが、物質の抵抗そのものの温度変化に取り組んだ。物理をまだ学んでいない生徒たちから、そもそも電気抵抗とは何か、超伝導物質以外の物質の電気抵抗は温度によってどう変化するものなのか、という根本的な疑問が出てきた。電気抵抗が生じる仕組みを調べながら、いろいろな物質の電気抵抗を調べることにした。生徒たちなりに調べたり、教員に聞いたりして抵抗について調べ、そして超伝導物質の電気抵抗率の測定方法を参考に実験計画を立てた。ところが、実際に測定する段階になってから、電流・電圧の正確な測定が難しいこと（安定しない）、温度によってほとんど測定値に変化が見られないこと、温度測定に使っていた器具が適切でなかったことなど、問題が次々に起こってきた。初めのうちは毎時間、地道に測定を積み重ねていたが、このままでは全く結果が出ないのではないかという不安に、生徒たちの研究に対する意欲はだんだん下がってきた。連携大学の器具を使わせてもらって極低温での抵抗測定を行った際、非常に抵抗の小さい物質の測定方法についてアドバイスをもらうことができ、少し元気が出てきた。しかし、発表までに時間があまりなく、結局、新たな方法で測定し直すことができなかった。生徒たちは自分たちが思い描いていた結果が得られなかったことに意気消沈していたが、測定結果のみならず、測定方法そのものの確立も立派な研究になること、この方法は適切ではなかったという事実も重要な研究結果であることを伝え、なんとか研究報告書をまとめることができた。

　学校で行う実験観察のほとんどが、すでに「正解」がわかっている実験

観察である。「正解」の結果が得られたかどうかが、実験観察の目的となっている。しかし、現実の研究開発は「正解」があるかどうかわからないものを追究することがほとんどである。生徒たちはその現実に直面した。このような理科課題研究に取り組まなければ知ることができなかった現実である。将来、様々な課題解決に取り組む際に、今回の体験が参考になればと願う。

（遠山晶子）

2. 理科における実験学習と反転授業
―思考・表現の時間を確保する

　本校理科では、生徒の自然科学に対する興味関心を高めるとともに、科学的に現象を観察分析し、表現する力を身につけることを教科の目標として、日々実践を進めている。

（1）授業内の実験実習の一例

　物理、化学、生物、地学のどの科目においても、「実物を見る」「実際の運動や反応を見る」ことを通じて、現象の深い理解と、実験観察の技能を身につけることを図っている。その中で、「実験観察の目的を理解する」「実験観察を手順どおり行う」「実験観察結果を正確に記録する」「実験観察結果から考察する」という項目について評価を行っている。詳細なルーブリックは作成していないが、生徒には口頭で説明し、レポートを作成・提出させている。評価規準については、教員同士が共通理解を持つよう、教科会や日頃の打ち合わせ時に確認し合うように心がけている。また、評価の高かったレポートを口頭で、または印刷して生徒に示し、具体例を挙げながら評価規準について説明した。具体的なモデルが目に見えると、生徒たちのその後のレポート作成はより丁寧に、正確になり、また考察もいろいろな視点からするようになる。ことばによる表現も、稚拙なものからより高校生らしい表現になってくる。

たとえば、物理の単元「単振動」では、「単振り子の周期が何に（どんな要素に）よって決まるのか」というテーマの生徒実験を行っている。グループごとに、周期を決定する要因を挙げ、それぞれの要因ごとに仮説をたて、仮説を実証するための実験方法を考え、実施する。

　化学の有機化合物分野の「酸素を含む脂肪族化合物」においては、三つの化合物の同定実験を行っている。生徒自身が教科書や資料集などを参考に化合物それぞれの特徴や同定に必要な実験方法を調べ、その実験操作を決定して実施する。

　これらの実験実習では、「仮説の設定」と「実験方法の考案」も評価の対象に加えている。実験結果の記録や考察、表現（発表、レポート作成）は通常の実験と同様に評価している。

　このような実習では、必ずしも考査の成績の高い生徒がグループ内で主導権を持っているわけではなく、普段の授業ではあまり発言の見られない生徒が目的をきちんと理解し、手際よく必要な要素を挙げ、実験操作を指示することも少なくない。

　本校附属中学校の２年生では、「アルコール自動車」製作を行っている。同じ材料、同じ分量のアルコールを用いて、できるだけ遠くまで力学台車を走らせることを目標に製作する。グループごとに試行錯誤を繰り返し、最後にコンテストを実施している。通常授業でも活発な意見交流が見られる中学生だが、特にこの課題では、理科の得意不得意にかかわらず積極的な取り組みがよく見られている。

　今後は、さらに細かい教科の学習分野や、生徒の活動に応じたルーブリックを作成していきたいと考えている。

（2）YouTubeによる授業予習 〜反転授業〜

　2015年度、化学の授業内でYouTubeを用いた反転授業を試行した。我が国では、中央教育審議会から2012年８月に大学における能動的学修が提言され、2014年12月「新しい時代にふさわしい高大接続の実現に向けた高等学校教育、大学教育、大学入学者選抜の一体的改革について（答申）」において、高校での能動的学修（アクティブ・ラーニング）の重要性が示

された。本校でも多くの教科においてアクティブ・ラーニングが行われ、理科の教員も様々な活動を授業内に取り入れている。ただ、いわゆる生徒主導型の授業（発見学習や問題解決学習・体験学習など）は、教員による教授型授業に比べて授業の進行が遅れがちであるため、本校では教授型授業とアクティブ・ラーニングの融合型授業を実施している。授業は生徒同士がコミュニケーションをとることができる貴重な機会であり、授業時間すべてを生徒主導型の授業にすることができれば、効果的に学習項目の理解や、知識・技能を活用して課題を解決するために必要な表現力・判断力・思考力、コミュニケーション能力に代表される社会的能力を育成することができると考えた。

　対象は高校3年生普通科SBコース14名・SAコース14名、中高一貫コース16名である。SB・SAコースは週2回、中高一貫コースは週3回の授業を実施している。生徒の学習の流れは、週の最終授業後より土・日を経て次週の最初の授業までに、YouTubeにアップしている予習用動画を視聴し（**図4−1**）、web上で確認テストを受ける。授業においてはweb上の確認テストを授業内でも受け、知識の確認を行う。その後、生徒実験や入試問題のグループワーク、生徒による解説授業など生徒主導型の授業を行う。

　生徒実験は、年間24週授業があった中で23回行うことができた。教員が設定した実験だけでなく、探究型の実験も行うことができ、様々な物質の性質や化学反応について、教科書や問題の中だけでなく、実際に目で確認することができた。

　入試問題のグループワークでは、グループ内の意欲的でない生徒をグループの他のメンバーがうまく輪の中にとり込んでいる姿が見られた。また、主語を抜くなど、普段不完全な日本語でコミュニケーションをとっている生徒たちが、丁寧かつ正確な日本語で友だちに伝えようとしている姿がよく見られた。アカデミックな内容について意思疎通する際には、普段通りの不完全な日本語では定義などの共有が曖昧なため、正確に（思うように？）伝わらないことに気づいたようである。

　生徒による解説授業では、答えだけをとりあえず言っていた生徒も、他

の生徒が詳しく、わかりやすく解説する姿を見て触発され、わからない部分はグループワークで理解の深いメンバーに聞いて解説に取り入れるなど、能動的な学習がよく見られた。

　定期考査において、授業内で取り組んだ問題については全員が一定の水準に達しており、普段考査点が振るわない生徒も一定の点数をとれていた。

　今回の試行を振り返ってみると、授業前に予習をすることにより、自分自身どこがわからないのか事前に把握した上で授業に臨むので、グループワークなどにおいて生徒同士で問題が解決できることが多々あり、学習項目の理解につながったと考えられる。しかも教授型授業とは異なり、生徒同士で理解を深めていくので、お互いの知識・技能を活用する思考力・判断力・表現力や、他人に伝える・教えることを通して社会的能力も同時に高めることができる。

　今回の取り組みにおいては、実施する前に対象の生徒全員に家庭でのイ

図4−1．YouTubeチャンネル（一部抜粋）

ンターネット環境のアンケートをとり、全員がYouTubeを視聴できる環境にあることを確認して行っている。また、希望者には、生徒自身のスマホやタブレットに直接動画を入れることも行っていた。そして、予習型の授業動画（高校化学全範囲）を常にネット上に公開しているので、定期テスト前のみならず受験勉強にも活用していたようである。授業後にアンケートをとったところ、予習型授業の良かったところに「何度も繰り返し見られる点」や「好きな時間に見ることができる点」を挙げた生徒が多数いた。

　ただし、成績評価については、自宅での学習環境の違い（インターネット接続はあるが、常時使えるわけではないなど）に依存しないよう、webに依存しない項目で評価を行っている。今後はwebテストの公平性や正解・得点がその場でフィードバックされる環境にするなど、改良をしていきたい。また、授業中の生徒のアクティビティを評価するルーブリックの作成も行いたい。

　予習動画について少し触れておくと、1本、4〜6分程度の動画で、理論化学（44本）、無機化学（33本）、有機化学（35本）、高分子化学（29本）のコンテンツがある。1本1本が短時間であるため、生徒は通学の時間や隙間の時間に効率的に視聴することができる。撮影はiPhone6を用いて、Adobe Media Encoderで変換（480 pixel×854 pixel H.264規格）した。また、webテストについてはGoogle Formを用いて作製した。

（遠山晶子・佐原大河）

3. 限られた時間で取り組ませるパフォーマンス課題
　──化学「アルデヒドとケトン」

（1）はじめに

　理科においては、実験観察などパフォーマンス課題として当てはめて考えやすいものとして、すでに中学校理科などでは実践が行われている（堀

哲夫・西岡加名恵著『授業と評価をデザインする理科』日本標準、2010年、p.186）。また、高校においては、SSH（Super Science High Schools）をはじめ、多くの学校が科学的に考える力を育成すべく、課題研究あるいはそれに準ずる取り組みを行っている。課題研究とは、テーマ設定にもとづいた実験観察を通して研究した結果を、プレゼン発表やレポートにまとめる取り組みのことである。本校でも中高一貫コースの１年生において、物理・化学・生物・地学の４分野から一つを選択し、グループで実験観察を行い、その結果をプレゼンおよびレポートにまとめる取り組みを行っている。課題研究はパフォーマンス課題と言ってもよいものであると考えるが、少し大掛かりであり、取り組む生徒も指導する教員も準備と指導に多くの労力が必要となる。また、活用する知識も専門的になりすぎて、大学になってから学ぶようなものが含まれることも少なくない。そういった点から、もう少し簡単に、高校の指導内容に即したパフォーマンス課題の実践を行いたいと常々考えていた。

　本実践は、高等学校の化学の教科書に即した内容で、かつ、できる限りそれにかける準備が少なく、どのような学校でも実践できるようにと考えたものである。

（２）活用される知識

　本単元「アルデヒドとケトン」は、高校の化学では有機化学と呼ばれる分野の内容である。どちらもカルボニル基と呼ばれる共通の構造を持つ物質群であるが、そのカルボニル基の一端に水素原子が結合しているとアルデヒドとなり、カルボニル基の両端に炭素原子が結合しているとケトンとなる。高校の化学の教科書では多くの場合、アルデヒドでは「ホルムアルデヒド」「アセトアルデヒド」の２種、ケトンでは「アセトン」の１種が具体例として紹介されている。アルデヒドには還元性と呼ばれる特徴的な性質が備わっている一方、ケトンにはそれがない。物質の還元性の有無は銀鏡反応やフェーリング液の還元反応で確認される。また、有機化合物の構造決定でよく用いられるヨードホルム反応もこの単元で紹介される。ヨードホルム反応を示す物質は特徴的な同じ構造を持っており、その構造を

持つ物質の具体例はケトンではアセトン、アルデヒドではアセトアルデヒドが高等学校の教科書で示されている。本実践ではこれらの知識の活用を求められる。

（3）対象クラス

　実施対象のクラスはSAコースの理系選択者である。男子11名、女子8名で構成される。集団の進路希望は4分の1程度が国公立大学を、残りの多くが私立大学を希望しており、一部看護系の専門学校への進学希望者も在籍している。受験科目として化学を使用する生徒は講座の半分程度である。講座は数名の活発に発言する生徒と、ほとんど発言することなく静かに授業を受ける生徒で構成されている。発言が少ない生徒のうち、半数は授業だけでは内容を理解しきれず、理解のためには教師あるいは周りの生徒による援助を要する。抽象的な言語表現による理解は難しく、具体的な事例や比喩表現によってようやく理解できる生徒がほとんどである。

（4）パフォーマンス課題の内容と実施方法

　本実践のパフォーマンス課題は「A、Bと書かれた試験管にはそれぞれ『ホルムアルデヒド』と『アセトン』が入れてある。これらを判別するために必要な実験を二つ計画し、その結果からA、Bの試薬は何か考察して

表4-3. パフォーマンス課題の実施計画

時間	内容	詳細
1時間目	アルデヒドとケトンに関する基礎知識の講義と実験計画の作成	アルデヒドとケトンの構造の違い、性質の違い（還元性の有無）を説明し、還元性を確認する実験（銀鏡反応、フェーリング液の還元反応）、ヨードホルム反応をパワーポイントで説明する。基礎知識を確認しながら実験計画を作成する。その後生徒はグループごとに実験計画を作成し、実験計画は期限までに提出させる。
2時間目	生徒が計画した実験の実施	生徒が計画した実験をグループごとに行い、その結果から考察し、試験管A・Bに入れられていた物質が何であったかを予測し、レポートにまとめる。（レポートは課題とする）

判断せよ」というものである。授業は**表4−3**のようにして実施した。

　1時間目では活用される基礎知識を説明した。実験計画の作成時間を確保するために、説明はプレゼンテーションソフトのスライド（**図4−2**）で行い、同じものを印刷して生徒に配付することで、板書をノートに写す時間を省略した。

　ホルムアルデヒドとアセトンを区別するためには還元性の確認実験（銀鏡反応、フェーリング液の還元反応）とヨードホルム反応が有効である。生徒には、二つの実験ではそれぞれ別の観点で両者を判断せよと指示しているので、還元性を確認する実験（銀鏡反応とフェーリング液の還元反応

図4−2. 授業プリント（1）

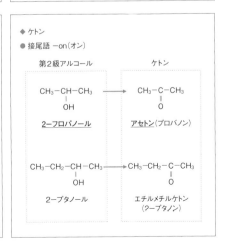

のいずれか）とヨードホルム反応を行うのが基本的な方法となる。本実践
においては、特に操作したわけではないが、すべてのグループが銀鏡反応
とヨードホルム反応を計画した。

　生徒にはワークシート（**図4-3**）を配付し、そこに実験計画を記入させ、結果の記録と考察を記入するスペースも用意した。ワークシートの最後にはルーブリックを載せ、評価方法を確認しながら計画立案、結果の記録、考察が行えるようにした（**図4-4**）。すべてのグループが実施する実験を把握し、試薬の準備を進めておくために、ワークシートは実験当日までに一度提出させた。

図4-3. 実験ワークシート（1）

生徒番号	名前	メンバー

◆実験「ホルムアルデヒドとアセトンを区別する」

目的：アルデヒドとケトンの性質の違いを学ぶ。

目標：A、Bの2つの試験管にはそれぞれホルムアル
　　　デヒドとアセトンが入れてあり、それらを区別
　　　するために実験を計画し、その結果から考察
　　　してホルムアルデヒドとアセトンを区別する。

条件：ホルムアルデヒドの性質を確認して判断する
　　　実験とアセトンが示す性質を確認して判断す
　　　る実験を1つずつ計画・実施し、その結果か
　　　ら考察する。

ホルムアルデヒドの性質

アセトンの性質

実験①

準備物

手順

実験①

予測される結果とそこからわかること

実験結果とそこからわかること

　２時間目では、授業の最初に生徒にワークシートを返却し、実験中の事故を防ぐことと、実験を行う上で陥りやすいミスや勘違いしてしまう変化を把握させるために、追加の説明を加えた後（**図4−5**、**図4−6**）で、各グループで立案した計画をもとに実験を行わせた。

（5）パフォーマンス課題実施による生徒の変化や気づき

　パフォーマンス課題のルーブリックによる評価の平均点は7.06点であった。実験計画、実験結果、考察のそれぞれの観点の平均点はそれぞれ2.47、2.18、2.41であり、実験結果の表現方法について、やや低い結果となった。

図4−4．実験ワークシート（2）

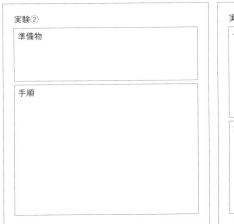
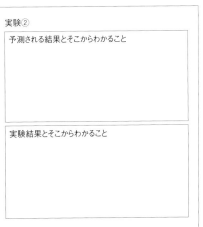

実験②
準備物

手順

実験②
予測される結果とそこからわかること

実験結果とそこからわかること

考察・結論
考察

Aの物質
Bの物質

実験のプリント 評価のルーブリック

	実験計画	実験結果	考察
1	ほとんど書かれていないか、書かれてはいるが実際に実験を行うのは困難である。	ほとんど書かれていないか、書かれてはいるが、読んで結果を想像することができない。	ほとんど書かれていないか、書かれてはいるが、非論理的である。
2	実験名や簡単な手順が書かれており、実施が可能である。	簡単に書かれている。	論理的に書かれている。
3	実験の手順が丁寧に書かれており、わかりやすい。	丁寧に書かれている。	論理的に書かれており、説明に既知事項を用いている。
4	実験の手順が、試薬の量まで細かく書かれており、再現が可能である。	丁寧に化学的な表現を用いて書かれている。	既知事項を用いて、第三者にわかりやすく書かれている。
評価			

図4−5. 当日配付プリント（1）

◆実験を始める前に

① 実験班のメンバーで目的と実験手順、予想される結果を共有する。現状に合わせて実験手順の修正を行う。
② 後ほど確認するために、携帯を使用して写真を撮ったり、動画を撮ったりして良い。
③ 異なる試薬に1つのピペットを使用してはならない。ピペット置きを利用して、どの試薬に使ったものかわかるようにしておくこと。
④ 片付けられるものは片付けながら実験を行うと良い。試薬は元の箱に。実験箱以外から用いたガラス器具は、水洗いをして教卓の青い箱に返却する。駒込ピペットの駒込は外しておくこと。

◆使用する試薬の注意点

● 硝酸銀水溶液【劇物】
重金属イオンを含むため、流しに流してはならない。手につくと、銀の微粒子により黒く染まりしばらく取れない。
● ホルムアルデヒド（ホルマリン）【劇物】
特有の香りがあり、蒸気は人体に有害であるため、取り扱いには十分注意すること。
● アセトン【危険物・引火性】
特有の香りがある。吸引しすぎると気分が悪くなる。火の近くでの使用は避ける。
● 水酸化ナトリウム水溶液
手につくとタンパク質が侵される。慌てずに十分量の水で洗う。

◆銀鏡反応のポイント

① アンモニア性硝酸銀水溶液を作る時は、きれいな試験管に硝酸銀水溶液を入れ、アンモニア水を1～2滴ずつ加えながら混ぜ、様子を観察すること。
② アンモニア性硝酸銀水溶液に加えるアセトン、ホルムアルデヒドは1～2滴で十分。加えたら手早く混ぜ、静かに温めること。
③ 温める時は、ポットのお湯をそのまま使用する。ガスバーナーで温めると時間がかかりすぎるし、反応はすぐに終わる。

廃液の取り扱い
銀イオンは重金属のイオンなので、流しに流してはならない。試験管ごと教卓の試験管立てで回収。

◆ヨードホルム反応のポイント

① ヨウ素は固体結晶ではなく、ヨウ素溶液を使用する。
② 反応に使用する試薬はそれぞれ1mLずつで良い。
③ 実は試薬を入れる順番が肝心である。教科書には載っていないので、よく調べること。（順番の理由は書いていない。インターネットや文献で調べてみると良い。）
④ 温めると反応が早く進むが、温めなくても結果は十分見られる。温めるならポットのお湯を使用する。

廃液の取り扱い
ヨードホルム、アセトン、ホルムアルデヒドが含まれるので、有機廃液として回収する。教卓のビーカーで溶液を回収。器具は洗剤で洗う。

図4−6. 当日配付プリント（2）

◆想定される事故

● 悪ふざけによる試験管の破損
　→活発な議論はよいが、激しく動く必要はない。
● 試薬がつく。かかる
　→慌てずに多量の流水で流す。
● 有機物の臭いで気分が悪くなる
　→新鮮な空気を吸う。気分が悪くなったら我慢せずに声をかける。
● ポットのお湯による火傷
　→加熱していないからといって油断しない。火傷したらすぐに流水で冷やす。

◆実験を始めよう

まずは、実験班のメンバーで目的と実験手順、予想される結果を共有と現状に合わせ実験手順の修正から。
時間内に終わるように協力して行うこと。

このパフォーマンス課題は、試薬ＡとＢが何かを探ることが目標である。生徒たちはそのために最適な実験方法を計画し、どのような結果が出ればどう決定づけられるかのロジックを組み立てた上で実験に臨んでいる。しかし、一部の生徒は、結果を見てその様子を丁寧に観察し結果を記録するより先に、ロジックから結論づけを急いだ様子がレポートから読み取れた。ルーブリックの記述語が不十分であったことも要因と考えられる。

　女子生徒Ｆは授業中の発言が少なく、また理解にも時間がかかる生徒である。しかし、パフォーマンス課題に取り組む中で、他の班に先駆けて試薬の濃度まできちんと考え、手順を丁寧に書いた計画を立案していた。普段の口数が少ないのに対して、実験中は積極的に参加し発言している姿が見られ印象的であった。パフォーマンス課題実施後の通常の授業において発言回数は変わらないものの、隣の生徒と相談したり、説明したりしている場面を見る機会が増えた。

　男子生徒Ｇは、授業中に活発に発言や質問をする生徒である。パフォーマンス課題にも積極的に取り組んでいたが、実験結果から考察し結論を導くことにやや難があった。ロジカルに考えられておらず、一つ一つの実験結果が示す意味をつなぐことができていなかった。結局、周りの生徒に教えてもらいながらレポートを完成させることになった。この生徒の定期考査の成績は比較的高い。定期考査では測ることができない活用する力をパフォーマンス課題で求めたことが、この生徒の活用する力の不十分さをあらわにしたものと考えられる。彼はこれ以降の実験において、実験を始める前に、グループのメンバーで結果とロジックを確認する姿が見られるようになった。

　パフォーマンス課題の成績が最も高かったのは、11点の評価を得た２名の女子生徒である。この２名については、普段から提出物などに対して丁寧に取り組んできている生徒であり、レポートについても丁寧さが目立った。このパフォーマンス課題のロジック自体は複雑なものではないので、丁寧に教科書や資料集を読み込み、表現し、レポートをまとめ上げたことが高評価につながった。

　化学実験は本来仮説を立てて、実験の結果を観察し、考察して結論を導

くものとなっているべきである。しかしながら、限られた授業時間の中で実験を行うために、じっくりと仮説を立てる時間は省略させ、生徒には洗練された手順の説明のみを行い、その通りに実施させ、結果を受け入れさせるプログラムになっていることが少なくない。このパフォーマンス課題では、目的に沿って生徒が実験を計画しなければならず、そこには仮説と、結果からの考察が必ず必要になるため、本来の化学実験が目指すものに近い。

　本実践では、課題研究ほどは教員の労力を必要とせず、高校化学の教科書の内容に即したパフォーマンス課題を実施することを第一に考えた。結果として、限られた授業時間であっても十分可能であり、生徒にとって取り組みやすいパフォーマンス課題になったと考えている。一部ルーブリックやレポートの様式に工夫が必要であるが、それを行う前でも生徒の取り組む様子やレポートから読み取れることは多数あり、生徒の力を測る上でも効果的なものとなったと考えている。ペーパーテストで測定できる生徒の力は限られており、パフォーマンス課題はそれ以外の、特に活用する力を測る上では有効である。それ以外に実践を通して感じたパフォーマンス課題の最大の利点は、課題設定のために「本質的な問い」をはっきりさせなければならないことと、評価基準となるルーブリックの作成が必要なことだ。表面的な単純な問いではパフォーマンス課題の設定とルーブリックの作成に耐えられないことが多いと感じた。「本質的な問い」やルーブリック作成に対する考察は、授業をより洗練されたものに昇華し、より良い評価方法を見出すことにつながる。授業と評価の一体化を行う上で、非常に有効なのではないかと考えている。今後も実践を続け、生徒が活発に取り組むことができ、生徒の力をきちんと測ることのできる教材を作成したい。

（米本朋生）

コラム②

分析の先に待っているエキサイティングな瞬間

「まじでー！　これやんのかー！」楽しそうで、悲痛な声が挙がった。ある日の放課後、私が担当していた理科課題研究化学チームの生徒の一人の声である。その時はハクサイの葉が虫に食われた面積を算出する作業にとりかかる直前であった。彼らは自分たちの手で抽出した"虫を呼び寄せる香り"をハクサイの付近に設置し、ハクサイが虫に食われた割合からその効果を検証しようとしていた。サンプルであるハクサイ

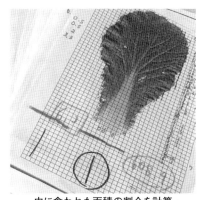

虫に食われた面積の割合を計算

の葉の総数は227枚。それぞれの葉を分析するため、すべての葉を写真に収め、その写真の上に5mmの方眼を重ねて印刷する（**写真**）。その方眼を一つずつ数えて、虫に食われた面積の割合を計算する。彼らは227枚の写真と真摯に向き合い、地道に分析を進めた。結果、実験サンプルの見た目では大差はなかったが、データをグラフ化した瞬間、見事に有意差が出た。まさに、研究者冥利に尽きる瞬間である。

　生徒がこの瞬間を味わうためには、教員はどうすればよいのだろうか。研究における一般的なプロセスは、仮説→実験→分析→考察→仮説……である。この中で最も苦しい段階が実験である。測定結果は常に誤差を含んでいるため、繰り返し同じ測定をしてその平均値をとるのが一般的である。実験で得られる生データはあくまで"生"であり、料理しなければ肝心なところはわからない。そのため、生データしか見えない実験は最も苦しい段階と言える。しかし、分析をした後には生データが料理され、結果が見事に目の前に映し出される。その瞬間、自分が考えていた仮説や新たな仮説、実験中に苦労したことなど、様々なことが全身を駆け巡るのである。研究者は常に結果をポジティブに解釈することを求められる。分析した結果が仮説通りでなくても、"仮説とは異なった"という大切な"発見"がある。つまり、分析の段階では必ず"新たな発見"が見出される。その瞬間こそ、最もエキサイティングな瞬間である。これを生徒が味わうためには、実験テーマの設定段階から自らテーマを立て、研究活動中も研究を"やらされている"ではなく、自ら"やっている"という自負を持つことが必要である。

（佐原大河）

第5章
広く世界を見渡しながら、自己理解に努める
――「京都国際科」の取り組み

国際理解特別講座（マレーシア理解講座）

　園部高校は、1992年から京都国際・福祉科（2007年より京都国際科）の専門学科を設置している。当初は、「英語を話せる人材の育成」に重点が置かれていたが、「英語を使って何かができる人材の育成」に重点が移っている。その中核をなしているのが「国際理解」という専門科目である。

　本章では、高等学校における「国際理解教育」の在り方を「共生のために学び続ける力の育成」を目標として取り組んでいる実践を報告する。

　中央教育審議会「幼稚園、小学校、中学校、高等学校及び特別支援学校の学習指導要領等の改善及び必要な方策等について（答申）」（2016年12月）の中で、教科などの目標や内容について、「何を理解しているか、何ができるか」「理解していること・できることをどう使うか」「どのように社会・世界と関わり、よりよい人生を送るか」の三つの柱にもとづき再整理することの必要性が提言された。また、キャリア教育の視点では「やりたいこと（夢）」「やれること（能力・適性）」に加えて「やるべきこと（役割）」を考えさせることが重要であると言われている。

　以上から、ここで報告する内容は、英語・国際関係学科特有のものではなく、今、すべての学校で必ず参考となる実践であると考える。

1. 専門教科としての「国際理解」

（1）教科教育としての国際理解教育

　「国際理解教育」という用語は、おそらく "Education for International Understanding" の和訳が語源だと思われるが、この英語は1950年代のユネスコ（UNESCO：国連教育科学文化機関）の活動から広がったもののようである。ユネスコは、1974年に「国際理解、国際協力及び国際平和のための教育並びに人権及び基本的自由についての教育に関する勧告」を採択した。その中で、今日我々が「国際理解教育」と呼んでいる教育活動の主旨を「用語の意義」として明確に述べている。そこには「国際理解教育」が、世界的視野に立った友好と協力によって平和を実現し、基本的人権を普遍のものとして、世界の諸問題を解決する態度を培う教育活動であることが示されている。さらにユネスコは1995年の総会で、この勧告を改訂する形で「平和、人権、民主主義のための教育についての行動の枠組み」を採択した。これは「国際理解教育」もしくは「国際教育」が「平和」「人権」「民主主義」という三つの柱を持つことを端的に表すものである。筆者（栄永）自身も「国際理解教育」がこの三つの理念に収れんしていくことは、これまでの授業実践から強く実感している。つまり、「国際理解教育」にはある種の普遍性がある。そもそも「国際理解教育」は、我々が地球（earth）という物理的存在（空間）をシェアしながら生きている、つまりそこで社会を構成している以上、時代を問わず、場所を問わず、常に必要な学びである。

　しかし、いざ学校における「国際理解教育」の実践（中でも「総合学習」を活用した実践）となると、しばしば「国際理解教育」は短絡的に解釈されている。その筆頭は外国語教育および言語活動の拡張として英語によるコミュニケーション能力の向上を目指すものだが、他にも、異文化理解という名のもとに異文化体験をする活動自体に意義を見いだす立場、あるいは国際機関やNGOの手を借りた開発教育こそその神髄と、途上国の貧困を憂い、チャリティに達成感を求めるものなどが、ある種の典型とし

て扱われる。外国語教育、異文化理解教育、開発教育のどれもが「国際理解教育」の主たる構成要素であることに異論はない。しかし、ここで本来の「国際理解教育」が基本に掲げた「平和・人権・民主主義」の実現を鑑みるとき、様々な題材、場面や手法が可能であっても、「国際理解教育」の成果は、生徒が「我々は同じ時代を同じ大地に生きている」という実感を持つこと、そしてその「我々はすべて人として同じ命を生きている」と理解することに求めるべきである。つまり「国際理解教育」の核心は、「共生：Living together」のための教育として、英語によるコミュニケーションの力を借りつつ、様々に異なる文化に触れ、そこにある開発問題を考えながらも、最終的には、世界がどのようにして、すべての人々の人権を保障した民主主義的で平和な社会を築いていくべきかを教えるものなのである。

　さて、本校では、専門学科である京都国際科の第1学年に2単位、第2学年に2単位の「国際理解」という専門科目を設置している。教育課程上は「総合的な学習の時間」を代替する位置づけで始まったものらしく、筆者が着任した2010年当時は第2学年の2単位だけの科目であった。その後第1学年に1単位あった「総合学習」を「国際理解Ⅰ」とし、その後2単位に拡充、第2学年の科目を「国際理解Ⅱ」とした後、現在は第3学年に対しても希望者対象の選択補習講座として「国際理解Ⅲ」を開講している。徐々に授業時数を拡張してきた背景には、生徒自身による「もっと学びたい」という声があった。

　もともと京都国際科は英語重視のカリキュラムをその最大の特長として、中学校からの進路選択でも「英語が好き」「英語が話せるようになりたい」「英語圏に留学したい」といった志望を受けて新入生を迎えていた。しかし、英語が得意か否かに関わりなく、「国際理解」の授業は彼らの琴線に触れる部分があり、今では「「国際理解」を受けたいので入学しました」「妹や弟にも「国際理解」を受けて欲しいので受験を勧めています」といった声もしばしば聞こえてくる。彼らは「中学校でやって欲しかった」とは決して言わない。その一方で「大学でもこの勉強は続けたい」と

言う。このことは高校段階での「国際理解教育」の有効性、有用性を物語る事実である。つまり「国際理解教育」を高校で教科として実現することの意義は大きい。それは語学教育でも異文化体験でもない、「国際社会への教育」として彼ら自身が強く求めているものである。自我を確立し他者との関係を社会的な関係において理解しようとする時期、英語の基礎を学び異なる言語文化の存在を理解するとともに、それがもたらす実効性を感じ始める時期、日常の文化的接触から海外への興味関心が高まり、自分自身の将来との関係性を模索する時期、高校生はまさに「国際」への入り口に立っているのであり、言い換えれば、「国際理解教育」は高校生という時期にこそ、その顕著な効果を期待できる教育なのである。

（2）教科の目標

　表5－1および**表5－2**に2016年度の年間授業シラバス（園部高校様式）を示した。「国際理解」の目標は一言で言うと「世界を知ること」にある。しかしそれは、教科書に載っている地名や年号を機械的に覚えて無機質な知識を蓄える作業ではない。そこには次の三つのテーマがある（**図5－1**）。
　①世界では何が起きているか
　②人々は何をしているか
　③私たちは何をするべきか
　ここでの生徒の課題は、この三つのテーマを通して自分の世界を知ることにある。**図5－2**は、第1学年の生徒が「国際理解」の授業で最初に目にするスライドだが、私たちはどんな世界に生きているのか、地図を見ただけではわからない。「日本はどこにあるのか」「あれ、いつもと違う」こ

図5－1．世界を知ること　　　　図5－2．私たちの世界

表5−1. 京都国際科「国際理解Ⅰ」平成28年度の年間授業シラバス

教科・科目	京都国際科 国際理解Ⅰ	クラス・講座	京都国際科1年	単位数	2
使用教科書	N/A	補助教材	データブック・オブ・ザ・ワールド（二宮書店）、 現代社会資料集（第一学習社）		

学年末到達目標

- ・日常的な場面でのコミュニケーションに必要な英語表現を身につける
- ・国際理解学習のキーワードについて基本的な概念を理解する
- ・社会統計の基本的な指標の意味を理解し、比較・分析に活用する方法を知る
- ・国際社会の基本原理とその歴史的背景について理解する
- ・国際関係の時事について積極的に理解しようとする態度を身につける

評価の観点（評価規準）

【関心・意欲・態度】	国際社会の現状や課題について関心を持ち、問題解決に向けた自らの立場を確立しようとする
【思考・判断・表現】	国際社会の諸問題について、現在の自分の生活と関連づけて考察し、論理的な帰結を導くことができる。また、その知見を適切な方法で表現することができる
【技能】	様々なメディアを活用して情報を収集、選択、分析することができ、併せてその評価や知見を他者と交流するために必要な手法を身につけている
【知識・理解】	現在の国際社会の状況とその背景を正しく理解している

学期	単元	単元目標	小単元	評価方法
1学期	国際社会の見方	①私と世界 ②国際社会とは何か ③今日の世界 ④国際社会のelements	・地球社会の概念を理解する ・統計資料や様々な情報を基に、国際社会の現状を知り、我々の生きる世界がどのような特徴を持っているかを理解する ・言語、宗教、政治体制など、今日の文明の基本的な構成要素について学び、世界の多様性を理解するための基礎知識を得る	授業メモ 授業課題 研究課題 プレゼンテーション
2学期	国際社会の課題	①国際社会の発展とGlobalism ②貧困の様相 ③地球規模の課題	・現代社会を形成した歴史的背景を理解する ・自分たちの生活との対比を通して、開発途上国の置かれた状況を考察し、特に貧困問題についての認識を深める ・MDG's・SDG'sの理念を基に、国際社会が取り組むべき地球規模の課題について認識を深める	
3学期	国際社会と私	①国際社会の基本原理 ②国際機関の役割 ③国際社会の今	・主権独立と国際関係の基礎について理解する ・国際機関の活動を知り、問題解決への国際社会の取り組みについて理解する ・時事問題を題材に世界の動向を知る	

表5-2. 京都国際科「国際理解Ⅱ」平成28年度の年間授業シラバス

教科・科目	京都国際科 国際理解Ⅱ	クラス・講座	京都国際科2年	単位数	2
使用教科書	N/A	補助教材	データブック・オブ・ザ・ワールド（二宮書店）、準高等地図（帝国書院）、最新世界史図表（第一学習社）		

学年末到達目標

- ・日常的な場面でのコミュニケーションに必要な英語表現を身につける
- ・国際理解学習のキーワードについて基本的な概念を理解する
- ・地域社会を考察する手法を学び、その地域が持つ普遍性と特殊性を理解する
- ・現代社会の動態を理解し、その中で自己のアイデンティティを確立する基本的な態度を身につける
- ・国際関係の時事について理解する積極的な態度を身につける

評価の観点（評価規準）

【関心・意欲・態度】	国際社会の現状や課題について関心を持ち、問題解決に向けた自らの立場を確立しようとする
【思考・判断・表現】	国際社会の諸問題について、現在の自分の生活と関連づけて考察し、論理的な帰結を導くことができる。また、その知見を適切な方法で表現することができる
【技能】	様々なメディアを活用して情報を収集、選択、分析することができ、併せてその評価や知見を他者と交流するために必要な手法を身につけている
【知識・理解】	現在の国際社会の状況とその背景を正しく理解している

学期	単元	単元目標	小単元	評価方法
1学期	国際社会の見方	①国際社会とidentity ②民主主義の実相 ③国際社会の今日的課題	・国際社会におけるidentityの概念を理解し、多民族社会の実相について考える ・様々な地域における社会体制について知り、国際平和の基盤として、民主主義の実現過程を検討する ・時事問題を題材に世界の動向を知る	授業メモ 授業課題 研究課題 プレゼンテーション
2学期	国際社会の課題	①途上国の課題 ②新興国の課題 ③先進国の課題 ④国際協力の枠組み	・国際社会の様々な課題の中で、とりわけ重要な3つの分野について、ケーススタディを通して実情を理解する ・新興国のさらなる発展に求められる課題について考える ・日本を含めた先進地域の抱える課題を理解する ・社会開発に関わる国際社会の取り組みについて理解する	
3学期	国際社会と私	①日本と日本人の国際化 ②国際社会への参加 ③私たちの世界	・日本人にとっての国際化の意味を考える ・国際的な活動に関わる人材に求められる資質を理解し、各自の将来設計の中に生かす ・国際社会の未来を展望する	

の地図1枚で生徒は、自分が実は世界をよく知らないことに気づく。ここで「あなたの世界はどこまでですか」と問いかける。行ったことがある？知っている人がいる？　見たことがある？……今や宇宙の果てでもメディアを通じて見ることができる。しかしそのことで、そこが自分の世界であるという自覚にはつながらない。遠い西の国の紛争も、東の国の大統領選挙も、南の国の洪水も、自分の世界の出来事なのか。すべてはこの問いから始まる。世界は多様、人も生活もそれぞれ違う、そんなことは当たり前であって、自分たちと違う文化を知ったからおもしろかったでは、本当の国際理解ではない。あるいは相手の国との相対的優位を見つけて得意になるような偏狭なナショナリズムとも違う。同時代を同じ地球で生きている人間として、世界の様々な現象、事象を自分の世界に引き寄せて考えること、それが世界を知ることなのである。

(3) 参加型学習の在り方

　「総合学習」が提案されたとき、第一に「生きる力」とは、自ら学び、自ら考え、主体的に判断し、行動し、よりよく問題を解決する資質や能力であり、それを育む手段は地域社会の関与と体験活動だとされた。将来にわたって変化する社会に対応できる人材を育てたいということであろう。ここにきてにわかに参加型学習が注目されている。既存の学校システムに変革を求める意義は認めるとしても、ここに言うように、生徒が外へ出かけて家族や地域の人々と共に経験を積みながら自分で判断し行動できるようになるのが教育の目標なのであれば学校は要らない。その意味で、参加型学習を社会参加への指向を持つ学習として、あるいはそのための準備教育として捉えることは正しくない。また一方で、参加型学習はしばしば体験型学習と混同されている。生徒が何かを体験している（場合によっては単に身体を動かしている）からといって、授業に参加しているとは限らない。参加型学習の要は生徒が主体的に考え、問題解決へ向かっているかという点にあり、彼らの授業へのコミットメントが最大の問題なのである。教室の中で教師に向かって着席していても、参加型の学習は可能である。

　「国際理解」では、国際社会をテーマとして扱う以上、直接体験が必須

なら、海外へ生徒を連れて行くしかない。園部高校の場合、第2学年の研修旅行を海外で実施していることから、現実にその機会はあるのだが、それを前提にしなくても、「国際理解教育」はもちろん可能である。生徒は毎日世界に触れている。そこには各自の距離感があって、個々の事象を経験として自分の考察の対象とするかどうかは条件次第であるが、それはつまり条件が整えば、世界はすべて教材化できるということである。

　教室での参加型学習の手法は、適切な事象を教師の技術で切り取って、生徒が積極的に取り組める教材として提示することによって成立する。その際、生徒の距離感を縮める重要な要素は、生徒自身にとっての経験値もあるが、実は教師の経験値によるところも大きい。つまり、教師が様々な機会を通じて世界との距離を縮めておく必要がある。自分たちが解決すべき問題だと生徒が考えるようになるには、教師自身がその解決を真剣に望んでいなければならない。

（4）授業の展開と評価の観点

　具体的な「国際理解」のカリキュラムは、第1学年、第2学年共に、大きく三つの単元（①国際社会の見方、②国際社会の課題、③国際社会と私）に分かれている。それぞれを学期に分け、1学期に基礎的な知識を得た上で、2学期に具体的な課題を考察し、3学期には、そこに自分の立場を投影しながら、国際社会の実像と自分の世界との融合を図るという大きな構造を立てている。しかし、国際社会は常に動いているのであって、まさにその動きの中に、国際社会の持つ本質的な課題が現れる。したがって、授業に適宜、世界各地の話題や事件を取り入れることで、今の世界と今の自分との距離を縮めることができる。様々な事象を教材化するにはそれなりの時間と労力が必要であるが、報道メディアやインターネットを活用しながら、「生」の情報を扱うことには大きな効果がある。

　「国際理解」の授業では、コミュニケーション能力の伸長も目標の一つである。そこで、様々な形のプレゼンテーションを少しずつ授業に取り入れている。第1学年の段階では、多くは手書きの原稿を手にした、たどたどしい発表になってしまうが、それでも、多人数を前にして英語で話すプ

レゼンテーションは、それを繰り返す中で彼らが獲得するスキルは少なくない。プレゼンテーションの内容は①事実を話す段階、②意見を話す段階、③議論を求める段階とレベルを上げていきたいのだが、③のレベルを英語で実現するのは、現状では大変難しい。

　プレゼンテーションは、①準備された内容（主として英文）、②実施の技術（声・態度）、③表現された主張（印象度・説得力）について評価する。①は背景としての文章力、特に英語力を評価することになるので、プレゼンテーション自体の評価としては②と③に重点を置く。特に③では生徒自身が自分の主張の価値に気づいていない場合も少なくない。事前準備を進める段階で、生徒の考察の持つ意義を正しく評価しておくことでプレゼンテーションの質は格段と向上する。

　生徒は毎回の授業の後、「授業メモ」にその日のテーマと自分自身の考察を書く。その考察の深さは授業で扱った題材への生徒の興味関心とほぼ比例する。つまり、教師がより斬新な切り口で、あるいはより重いテーマを投げかけると、生徒はより真剣な議論で返してくる。これは授業の中での教師と生徒のやりとりでも重要な部分であるが、さらに生徒は授業の後もう一度、教室での議論を反復しながら、自分の思考を整理して、言い足りなかったことを加えた「授業メモ」を提出する。

　教師の側からは、ここで生徒の参加度を再確認しながら、授業の成果の確認と生徒の思考展開の評価を同時に行うことができる。「授業メモ」は評定を付けて返却する。主要な観点は①何にどの程度興味を持っているか、つまり自分の問題として認識できているか【問題への積極的な姿勢】、②問題認識は広い視野と公正な判断を伴っているか【正しい理解と判断】、③他者を理解しようとする態度、すなわち共生への姿勢があるか【適応力と国際性】の３点を中心に評価する。

（5）課題研究

　「国際理解」では、様々な国際問題を扱う中で、それぞれの生徒の興味関心の対象も様々に展開する。そこで、各自が特に興味を持つテーマについて、プレゼンテーションソフトまたはポスターを使った研究発表を個人

またはグループで行う機会を年に1回程度設けている。近年は研修旅行におけるフィールド・ワークを使った研究に学年全体で取り組んでいることから、その研究発表についても、京都国際科の生徒については、研修旅行の前後に「国際理解」の時間を使った指導を行っている。

最近の生徒は、視覚情報の表現には優れた技量を発揮する。その意味ではポスターによるプレゼンテーションは、いわゆるスピーチなどに比べて、本人も予期しない成果を発揮することが少なくない。プレゼンテーションソフトも同様に視覚的に表現できる有効な手段であることは間違いないが、家庭のハードウェア環境の差などから、活用スキルの個人差も大きく、研究成果を十分表現できない生徒もいる。そのような観点から、「国際理解」では全員が一度はポスターによる研究発表に取り組むようにしている。図5−3、図5−4にいくつかのポスターの例を示す。

京都国際科は人文系の学科であることもあって、彼らの研究には数理科学的な分析をしたものはほとんどない。私が彼らのポスターに求めるのは厳密な科学ではなく訴求力である。研究発表である以上は客観的なデータや論理的な考察などは当然必要とされるが、「国際理解」の発表では、生

図5−3. ポスター（1）

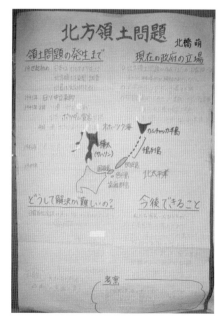
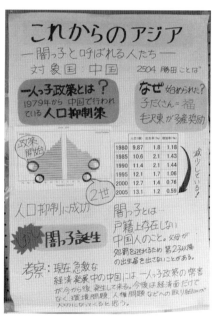

図5−4. ポスター（2）

徒自身が感じている問題意識や新しい気づきの喜びを正直に伝えられるものができればよいと考えている。

2. キャリア教育としての国際理解教育

(1)「国際系」のキャリア

　最後に、彼ら生徒の将来への期待について述べたい。今や時代は「グローバル人材」を切望している。企業は、国際市場に事業を展開する戦力を、社内教育、現職教育で培ってきたが、終身雇用体制が崩れていく中で、即戦力として高等教育機関からの人材供給を望んでいる。それを受けて文部科学省はまず大学院に、そして大学学部にそのような教育の力を強く求めた。そして当然の流れとして、ようやく近年、中等教育にもグローバル社会に対応した教育を求め始めているのだが、現状は英語教育の改善と留学や海外交流の支援などが中心で、体制として明確なグローバル人材

の養成方法を確立しているとは言いがたい。つまり、グローバル人材の育成は「英語の話せる日本人」を育てることとほとんど同義になっている。2014年から始まったスーパーグローバルハイスクール（SGH）の教育課程は、そうした硬直性を打破する試みとして注目してよいが、まだまだ各校の取り組みは実験段階というべき内容のようである。

（2）開発人材の資質

　国際協力の分野では従前より「開発人材」の養成が、日本の課題として長く議論されてきた。ここでの「開発」はsocial development すなわち、途上国での社会開発を意味している。しかし、開発という用語を、商品開発、事業開発から、さらに人材開発、そして社会開発と広く捉えていくと、グローバル人材の資質は開発人材の資質と重なる部分が多い。

　開発人材に求められる知識・経験・能力を一つの目安としてグローバル人材の養成を考えるとき、高校段階での「国際理解教育」は、いわば早期教育、準備教育としての重要な役目を担っている。将来どのような形で国際社会と関わるにしろ、あるいは進学、就職をどのような分野に求めるにしろ、現代社会に対する基本的な認識と、常に社会と関わりながら社会の変化に対応し自己実現に向かって努力する姿勢は不可欠である。**図5－5**は、グローバル人材としてのキャリアを形成していく三つのルートを示している。もともと京都国際科へは，英語に興味を持って入学してくる生徒が多いことから、これまでは国際ベースの入り口から、つまり外国語学部などへ進学する生徒が多かったのだが、最近では、国際関係や国際政治などへ進む開発ベースの進路も徐々に増えている。しかし何より今まで国際社会なんて自分とは縁のないところと思っていたような生徒が、自分の興味を生かした専門職を目指しながら、その先に国際的なフィールドを描く姿が増えてきた。つまり、彼らはどんな進路を選んでもグローバル人材に近づくことは可能なのだと気づいたのである。

（3）グローバル教育としての「国際理解」

　ユネスコ21世紀教育国際委員会が1996年に提出した報告書の中で示した

学習の四つの柱（**図5−6**）は、「国際理解教育」にとって極めて重要な教育理念である。中でも、これからの国際社会に生きる生徒にとって最も重要な生きる力は、「Learning to live together : 共生のために学び続ける力」であり、それを培うのが「国際理解教育」の最大の目的である。これは私が「国際理解」開講以来ずっと持ち続けている信念であり、指針でもある。

　日本人の国際化が叫ばれて久しいが、日本社会全体を見渡せば、日本の国際化は局所局所で散発的に進んでいるのが実感である。新型インフルエンザが流行すれば感染症を語り、中国人観光客が増えれば中国語を取り入れ、大統領選挙の年にはアメリカ経済を占う。日本の国際化が進んでいることは間違いないが、一方で依然旧来の偏った国際観も強く残っている。これからの国際社会に生きる生徒たちが、寛容と共感の精神を持って、すべての人の幸福と福祉を実現するために、広く世界を見渡しながら自己理解に努めることが真の国際化であり、それを支援するのが、真の「国際理解教育」である。　　　　　　　　　　　　　　　　　　　　　　（栄永唯利）

図5−5. グローバル人材のキャリア形成

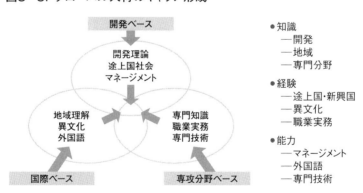

図5−6. 国際社会と人類の共生

生きるために『学ぶ』べきこと

— Learning to know
— Learning to do
— Learning to be
— Learning to live togcther

おわりに

「園部高校の教育実践をまとめた本を出版するので、編集に協力してくださいね」

田中容子指導教諭から本書編集の依頼を受けたのは、筆者（前野）が本校に転勤してまもなくのことであった。田中指導教諭は筆者が新規採用で赴任した高校の先輩教員で、彼女からは様々なことを学ばせてもらった。そして、「学ばせてもらった」のは、彼女から優しい笑顔で「〜してくださいね」と依頼された仕事を引き受けたときだった。

本書では、2015年度に園部高校と園部高校附属中学校に在籍する教員23名が資料提供や教育実践報告を行っており、どれもカリキュラムと評価の改善についての実践を報告している。カリキュラムと評価の改善をその授業の担当教員だけで実施することは不可能であるため、実際にはさらに多くの教員が関係していたことがわかっていただけるであろう。多くの教員が主体的に関わり、議論を重ねながら、カリキュラムと評価の改善を行ったことで、誰が担当者となっても取り組みの継続が可能となっており、現に本書を編集している2016年度では、前年度をさらに深化させた取り組みが広がっている。

本校のこのような取り組みを実施できたことは、京都大学の西岡加名恵准教授の力が大きい。西岡先生には、2006年度から本校の教育研究に御助言いただき、学び続ける本校の教員を支援していただくとともに、第1章で、本校の実践に理論的根拠を与えていただいた。

本書は、学びの改善の報告である。生徒の学びを改善するためには、教員自身の学びを改善することが重要であることにあらためて気づくこととなった。田中指導教諭からの「〜してくださいね」の一言から、今回も私自身の学びはさらに深まった。

2017年1月　　　　　　　　　　執筆者を代表して　前野正博

執筆者一覧【掲載順・○は編著者】

○ 永井　正人　〔京都府立園部高等学校校長〕　　　　　　　はじめに

○ 西岡加名恵　〔京都大学大学院教育学研究科准教授〕　　第1章 扉、本文

○ 田中　容子　〔京都府立園部高等学校指導教諭〕　　　　第2章 扉、第1節、
　　　　　　　　　　　　　　　　　　　　　　　　　　　第3章 扉、第1節、第2節、第3節、
　　　　　　　　　　　　　　　　　　　　　　　　　　　第4節、第5節、第6節、
　　　　　　　　　　　　　　　　　　　　　　　　　　　第7節、第8節の3

　 桝屋　房子　〔京都府立園部高等学校教諭〕　　　　　　第2章 第2節の1

　 宮﨑　　澪　〔京都府立亀岡高等学校講師〕　　　　　　第2章 第2節の1

　 栄永　唯利　〔京都府立園部高等学校教諭〕　　　　　　第2章 第2節の2、第5章

　 神脇　　健　〔京都府立園部高等学校教諭〕　　　　　　第2章 第2節の3

　 中村　　心　〔京都府立園部高等学校教諭〕　　　　　　第2章 第2節の4

　 遠山　晶子　〔京都府立園部高等学校教諭〕　　　　　　第2章 第2節の5、
　　　　　　　　　　　　　　　　　　　　　　　　　　　第4章 第1節、第2節

　 岡野　友美　〔京都府立園部高等学校教諭〕　　　　　　第2章 第2節の6

　 細野　　慶　〔京都府立園部高等学校教諭〕　　　　　　第2章 第2節の7、
　　　　　　　　　　　　　　　　　　　　　　　　　　　第3章 第8節の3

　 青木　　満　〔京都府立園部高等学校教諭〕　　　　　　第2章 第2節の8

　 杉浦　利哉　〔京都府立園部高等学校教諭〕　　　　　　コラム①

　 坂上　　渉　〔京都府立園部高等学校附属中学校教諭〕　第3章 第8節の1

　 小山　謙介　〔京都府立園部高等学校教諭〕　　　　　　第3章 第8節の2

　 山本　茉莉　〔京都府立園部高等学校講師〕　　　　　　第3章 第8節の4

　 坪田　理紗　〔京都府立亀岡高等学校教諭〕　　　　　　第3章 第8節の4

　 永井　妙子　〔京都府立桃山高等学校教諭〕　　　　　　第3章 第8節の5

　 光木　　宏　〔京都府立園部高等学校教諭〕　　　　　　第3章 第8節の6

　 渡邊　康子　〔京都府立園部高等学校教諭〕　　　　　　第3章 第8節の7

　 廣瀬　　格　〔京都府立園部高等学校教諭〕　　　　　　第3章 第8節の8

　 佐原　大河　〔京都府立園部高等学校教諭〕　　　　　　第4章 第2節、コラム②

　 米本　朋生　〔京都府立園部高等学校教諭〕　　　　　　第4章 第3節

○ 前野　正博　〔京都府立園部高等学校副校長〕　　　　　おわりに、第4章 扉

※所属・職名は2016年2月時点。

京都府立園部高等学校・附属中学校

〒622-0004
京都府南丹市園部町小桜町97番地
Tel▶0771-62-0051

パフォーマンス評価で
生徒の「資質・能力」を育てる
― 学ぶ力を育てる新たな授業とカリキュラム ―

2017年3月9日　初版発行
2019年5月20日　第2刷発行

編　著　者 ── 西岡加名恵・永井正人・前野正博・田中容子
　　　　　　　＋ 京都府立園部高等学校・附属中学校
発　行　人 ── 安部 英行
発　行　所 ── 学事出版株式会社
　　　　　　　〒101-0021　東京都千代田区外神田2-2-3
　　　　　　　☎03-3255-5471
　　　　　　　HPアドレス　http://www.gakuji.co.jp

●編 集 担 当 ── 二井　豪
●デ ザ イ ン ── 細川 理恵
●編 集 協 力 ── 古川 顕一
●印刷・製本 ── 電算印刷株式会社